U0608845

清华理论经济学系列

证券设计：

ZHENGQUANSHEJI

控制权和多决策途径

KONGZHIQUAN HE DUOJUECE TUJING

王勇 著

中国社会科学出版社

图书在版编目（CIP）数据

证券设计：控制权和多决策途径／王勇著．—北京：
中国社会科学出版社，2008.8
ISBN 978 - 7 - 5004 - 7121 - 9

Ⅰ．证…　Ⅱ．王…　Ⅲ．证券交易—研究　Ⅳ．F830.9

中国版本图书馆 CIP 数据核字（2008）第 116862 号

策划编辑　冯　斌
责任编辑　丁玉灵
责任校对　李　莉
封面设计　王　华
版式设计　戴　宽

出版发行　中国社会科学出版社
社　　址　北京鼓楼西大街甲 158 号　　　邮　编　100720
电　　话　010—84029450（邮购）
网　　址　http://www.csspw.cn
经　　销　新华书店
印　　刷　华审印刷厂　　　　　　　　　装　订　广增装订厂
版　　次　2008 年 8 月第 1 版　　　　　印　次　2008 年 8 月第 1 次印刷
开　　本　880×1230　1/32
印　　张　5.625
字　　数　150 千字　　　　　　　　　　插　页　2
定　　价　18.00 元

凡购买中国社会科学出版社图书，如有质量问题请与本社发行部联系调换
版权所有　侵权必究

致　谢

　　我首先要感谢我的导师张维迎教授。感谢张老师四年来对我在学术上的严格要求。正是在这种严格要求下，使我具备了扎实的经济学功底和分析问题的能力，为进一步的发展奠定了良好的基础。也感谢张老师四年来在生活上对我的照顾。张老师听说我们生活上比较困难后，从不多的科研经费当中为我们发放生活补贴，减轻了我们的经济负担，使我们可以安心求学。张老师平易近人的温和性格、敏锐的洞察力以及关注现实的学术风格给我留下了深刻的印象。我很希望自己能够继承张老师的这些优点。

　　我要感谢清华大学经济研究所的蔡继明教授。蔡老师是我的硕士导师，是他领我迈进了经济学的大门。从我读硕士研究生以来，到现在博士毕业，蔡老师一直在各个方面给我以巨大的帮助。这种恩情使我觉得"感谢"一词真是太轻了。蔡老师正直的人品和严谨的治学态度更是无时无刻不在提醒着我成为一个优秀学者应具有的品质。

　　我对台湾大学的巫和懋教授也充满了感谢和景仰之情。

巫老师是我在南开读硕士研究生时结识的。从那时起，巫老师敦厚的人品和渊博精湛的学识就让我仰慕不已。几年来，巫老师一直致力于在大陆传播现代经济学的知识与方法，希望现代经济学能在大陆扎根。为此，巫老师先后在南开、西交、清华、北大、浙大开课授学。其视天下为己任的胸怀，坚韧不拔的意志深深地鼓励着我。我更要感谢巫老师对我个人在学习和生活上的帮助。

光华管理学院的马捷和张圣平老师也给我以很大的影响。马老师对基础扎实、治学专一以及自信自励的强调都使我受益匪浅。张老师为人豁达、热心助人，惠我良多。在此谨向两位老师致谢。

另外，中央党校周为民教授、北大中国经济研究中心平新乔教授、光华管理学院周春生教授、李其副教授、周黎安助教以及美国杜兰大学教授、清华大学经管学院兼职教授李志文先生应邀出席了我的博士论文的预答辩或正式答辩，对我的论文提出很好的修改建议。在此，谨向这些老师表示感谢。同时也向我学位论文的匿名评阅人表示感谢，感谢他们认真的评审工作以及所提出的修改意见。

汪天喜、汪淼军、柯荣住等同门对我的论文提出了很好的修改意见，我向他们表示感谢。另外，孙康勇、郑志刚、邓峰、黄成明、王浩、史宇鹏等同门在生活和学习上惠我良多，谨表谢意。我南开的师兄刘澜飚、郑利平、吴飞驰等在我的生活上给我以很大的帮助，在此表示感谢。

最后，我要感谢我的爱人祝红梅以及我的父母。这几年中，我和我的爱人一直都在上学读书。一路走来，相互鼓励、相互帮助，使得艰辛的求学之路充满了美好回忆。父母对我的关心和牵挂一直伴随着我的左右。除了在这里表示感谢外，我希望能带给他们一个幸福安康的晚年。

王勇谨识

2003 年 12 月 3 日于燕园

Abstract

This dissertation discusses three problems on security design. First, how are the optimal allocation of control rights and the optimal effort level determined separately in cases of debt financing and equity financing? Second, how do investors design security to encourage an entrepreneur to choose best risk and effort levels when the entrepreneur make risk and effort decisions? Third, if the entrepreneur is supervised by investors, how does investors' supervision intensity determine the risk and effort levels chosen by the entrepreneur in different financing ways?

For question one, we design a two-stage dynamic game to describe financing activity. We reach the conclusion that when control rights' pledgeable effect is larger than incentive effect, the entrepreneur's optimal effort level will decrease with investors' control rights; when pledgeable effect is smaller than incentive effect, the entrepreneur's optimal effort level will increase with the investors' control rights.

To solve question two, we distinguish substitute and complementary relations between risk choice and effort choice of the entrepreneur. By virtue of this division, we compare the optimal risk choice and effort choice under different financing ways. We find multi – securities is superior to single security when risk choice and effort choice are complementary. On the contrary, multi – securities is inferior to single security if risk choice and effort choice are substitute.

We consider question three by two approaches: active monitoring and passive monitoring. We find those investors' supervision make different effects on the optimal choices of entrepreneur under different financing ways.

In this article, we make two innovations. One is that we identify pledgeable effect and incentive effect of the allocation of control rights. We model the effects of security design on the allocation of control rights. The other is that we distinguish substitute and complementary relations between risk and effort choices of the entrepreneur. We offer the economic rationale of single security and multi – securities.

Keywords: security design, allocation of control rights, moral hazard, supervision

目　录

第一章 导　言

证券设计（security design）理论是研究如何寻求最优融资契约（optimal financial contracts①）的理论，它探讨哪些因素决定了融资契约的具体形式。

融资活动无疑是经济活动中至关重要的一环。在这个环节上，投资者们通过融资契约将资金交给富有创意的企业家们，以求分享企业家成功创业所带来的回报。因此，一份融资契约首先应该规定投资者得到的回报是多少。但是，投资者最后得到多少回报取决于企业的经营决策和分配决策：经营决策决定了企业家的创业活动能产生多少利润，分配决策决定了这笔利润在企业家和投资者之间如何分配。如果经营决策不善，使得利润水平很低，即使将全部利润交给投资者，投资者也可能会遭受损失；如果分配决策不公，即使创

---

① 需要注意的是，"contract"运用的复数形式。这是因为最优融资契约往往不是单个融资契约，而是基本特征相同的一类融资契约，如含有各种形式的债类融资契约等。在考虑控制权的文献中，如阿洪和博尔顿（Aghion & Bolton）（1992），最优融资契约甚至是不同类契约的组合。这一点在本书的第二章所综述的文献中可以体现出来。

业活动产生的利润很高,投资者可能也会双手空空。因此,融资契约还要规定不同融资环境下投资者参与企业各类决策的权利,以对自己的利益进行保护。但这些权利的安排也可能对企业家的经营决策带来影响——使企业家自由决策的空间受到了限制。这些使得在不同的融资环境下,对用以保护投资者的权利安排也会不同。因此,我们可以说,证券设计问题就是研究在融资在契约中如何根据融资环境来安排企业的利润以及有关控制权在企业家和投资者之间的分配,以保证企业获得最大赢利的同时使得投资者得到相应的回报[①]。

由于都关注企业的融资行为,证券设计理论和资本结构理论有着紧密的联系。资本结构问题关注"什么因素决定了企业如何融资以及如何进行投资"[②]。严格地讲,这一问题实际包括了证券设计问题。但是,由于研究资本结构问题的文献大多是从给定具体的证券形式(如债券、股票等)出发,来分析这些融资方式的最优组合。而证券设计问题并不预设融资的具体形式,而是把具体的融资方式作为最优的机制推导出来。所以,两类问题有一定的区别。但是,这两类问题并没有一个清晰的界限。有时寻求最优的融资方式也需要给定具体的证券形式;而一些关于资本结构的论文也需要推导一些具体的证券形式。比如,证券设计文献中讨论多种证券的共存(co - existing)问题的文章大多是给定具体

---

① 哈瑞斯和拉维(Harris & Raviv)(1991)指出:"一般来说,我们的理解是,证券设计问题包括了现金流量配置和剩余控制权的配置。"

② 引自哈瑞斯和拉维(1991)。这篇文章是对资本结构问题最全面的综述。张维迎(1995a,1995b)从契约理论的角度,对相关文献进行了很好的综述。

的证券形式①。

正如人们看到本书的题目的感觉一样，证券设计研究的是一个具体实践中的问题。因此，它有很强的实践意义。比如，阿洪，博尔顿，梯若尔（2000）讨论了风险资本的融资契约中退出权的设计问题。他们得到的结论对风险资本的运作就有很好的指导意义。但另一方面，证券设计也不像它的名字所暗示的那样，充满了工程应用的味道。实际上，证券设计是公司金融领域中非常富有理论色彩的一个分支。哈瑞斯和拉维（1995）认为它是比资本结构问题更为深层次、更为根本的一个问题。而他们的这篇文章也是具有方法论的意义。因此，选择这样一个题目进行研究不仅具有很强的实践意义，也具有丰富的理论意义。

由于证券设计研究在理论和实践上都有着重要的意义，众多的学者从不同的角度对这一问题展开研究。主要的角度有：代理问题，信息不对称，控制权分配，风险分担以及信息（知识）获取等。鉴于本书的工作主要是从控制权和代理问题两个角度来入手，所以，在本书的第二章中，我们主要回顾了讨论代理问题以及控制权分配对证券设计影响的文献。从这两个角度来研究证券设计所运用的方法主要是机制设计理论和不完全契约理论。对此，我们在第二章也予以简略的介绍。

本书对证券设计问题的研究主要基于两个层面展开：一是不同的融资方式对企业控制权的安排有何影响？二是当企业家需要同时进行多种决策时，不同的融资方式对企业家的

---

① 详见梯若尔（Tirole）（2002）第四部分引言部分的介绍。

行为有什么影响? 这些影响反过来如何作用于企业融资方式
的选择? 这也是本书取名为《证券设计: 控制权和多决策
途径》的原因。

　　从控制权的角度来看, 企业家需要掌握一部分控制权。
这是因为企业家通过对控制权的掌握才能将自己的企业家才
能发挥出来, 更好地运用自己的赢利知识。另一方面, 企业
家也可以从控制权的运用中得到私人收益: 比如用人的权利
可以让企业家安插自己的亲信; 财务权利可以让企业家报销
一些私人开销, 以及命令指挥别人所带来的优越感等。更为
重要的是, 当投资者是外部投资者时, 企业家拥有控制权就
可以很便利地隐匿企业的利润水平, 使得投资者的回报得不
到保证。因此, 投资者也往往需要掌握一定的控制权来保护
自己的回报。因此, 控制权的安排需要考虑两方面的效应:
一是对企业家的激励作用, 企业家得到的控制权越多, 其私
人收益就会越大; 二是对投资者的保护作用, 投资者得到的
控制权越多, 其回报就越有保证。本书中, 我们把前者称为
控制权安排的激励效应 (incentive effect), 后者称为控制权
安排的承兑效应 (pledgeable effect)①。显然, 控制权安排的
这两种作用是有矛盾的。

　　本书第三章在一个道德风险的融资环境中刻画了这两种
作用的冲突, 并分析和比较了存在这种冲突的条件下债权融
资和股权融资对于控制权安排和企业家努力水平的影响。具

---

　　① 把控制权安排带给投资者的保护作用命名为承兑效应是因为这种保护
作用实际上是通过让企业家在利润分配时兑现融资时许下的承诺来实现的。在
这一点上, 作者是受阿洪和博尔顿 (Aghion & Bolton) (1992) 以及梯若尔
(Tirole) (2001) 的启发。

体来说,我们考察了这样一个融资环境:企业家的努力水平不可观测,融资项目的利润水平可以观测,但无法验证;项目成功的可能性取决于企业家的努力程度:企业家越努力,项目越有可能成功;项目成功后,投资者需要掌握一定的控制权才能获得回报,否则其利益就会受到侵蚀。在这样一个融资环境下,不同的融资方式(契约)所要解决的问题是:如何分配控制权才能既可以尽可能地保障自己的利益,又可以激励企业家努力工作,提高项目成功的可能性?

我们发现控制权的安排对企业家最优努力水平的影响依赖于控制权安排的承兑效应和激励效应之间的大小。当承兑效应大于激励效应时,企业家的最优努力水平会随着投资者的控制权增加而减少;否则,将随着投资者的控制权的增加而增加。控制权安排的两种作用之间的大小关系在不同的融资方式下有所不同,这使得债权融资和股权融资下最优努力水平和最优控制权安排具有不同的性质。

本书的第四、五两章主要考察了企业家需要同时进行多种决策①的情形下,不同的融资方式对于企业家最优决策的影响。第四章所考察的融资环境是:企业家在项目的经营活动中,不仅需要进行努力决策——选择努力水平,还要进行风险决策——选择风险水平。风险水平在本书中指项目失败(成功)的可能性,代表了企业家做事的谨慎程度。因此,可以通俗地说,企业家不仅需要"正确地做事"(do thing right,本书指努力地做事),还需要"做正确的事"(do

———————

① 就本书来说,企业家需要同时进行的决策主要是风险决策和努力决策。

right thing，本书指做成功可能性高的事）。企业家的这两种选择可能相互替代也可能相互补充。相互替代是指形成利润的过程中，风险和努力可以相互替代，极端情况下，可以二者择其一。其直观含义是：企业家选择一个成功可能性高（低风险）的决策会诱惑企业家偷懒（低努力），或者是，企业家越努力，就可以越不谨慎行事（高风险）①。相互补充是指在利润的形成过程中，二者缺一不可。其直观的含义是：企业家选择成功可能性高（低风险）的决策会鼓励企业家努力做事（高努力），反过来，企业家越努力做事（高努力），也会使得企业家越注重选择成功可能性高的行动方案②。

我们发现，当企业家的风险选择和努力选择相互补充时，既发债又募股的混合融资将优于单一证券融资；当企业家的风险选择和努力选择相互替代时，采用单一证券融资将优于混合证券融资。这一结论是对现有文献的补充和完善。

第五章主要是在风险选择和努力选择可以相互替代的情况下，引入主动监督和被动监督两种监督方式，来考察不同的融资方式对投资者的监督力度以及企业家的最优选择产生的影响。之所以引入监督，是因为第五章考察的融资环境和第四章的融资环境有所不同。在第四章中，投资者观察不到企业家的努力选择和风险选择，但项目所实现的利润水平可以为投资者所观察和验证。而第五章第一节考察的融资环境

---

①　前者我们可以用"投机取巧"来形容；后者则可以用"蛮干"来描绘。

②　前者可以说是"趁势而为"，后者则可以说是"敬业敏事"。

是：投资者可以观测到企业家的努力选择和风险选择，并知
道企业的利润水平，但是该利润水平无法为第三方所验证，
因此，难以缔结基于利润水平的融资契约。第二节考虑的融
资环境是，投资者观测不到企业家的努力选择和风险选择，
也无从知道和验证企业的利润水平，所以，同样难以缔结基
于利润水平的融资契约。因此，我们在第一节中引入审计等
被动监督行为来使得企业的利润以及投资者的回报变得可以
验证；在第二节中，引入主动监督在事前控制和掌握企业家
的行动，使得投资者可以观测和验证企业的利润水平。这
样，监督的存在就使得融资契约的缔结成为可能。

　　对于不同的监督方式，我们比较了不同的融资方式下投
资者的监督力度对企业家最优努力水平和风险水平的影响。
我们发现，对于被动监督来说，在债权融资下，最优努力水
平和风险水平随监督力度的提高而单调减少；在股权融资
下，最优努力水平和风险水平与监督力度则具有非单调的关
系。对于主动监督来说，在债权融资下，最优努力水平随监
督力度的提高而提高，而最优风险水平则在一定的条件下会
随着风险监督力度的提高而下降；在股权融资下，最优努力
水平随着监督力度的提高而提高，最优风险水平则随之下
降。

　　本书的主要创新有两点，一是刻画了控制权安排的激励
作用和承兑作用之间的冲突，得到了不同融资方式下最优的
控制权安排。对于控制权安排所带来的承兑作用，在阿洪和
博尔顿（Aghion & Bolton）（1992）、哈特（Hart）（1995，
2001）、哈特和莫尔（Hart & Moore）（1998）等人的文章中
都有所讨论。对控制权安排当中的私人收益产生的激励作用

首先在詹森和麦克林（Jensen & Meckling）（1976）等人的文章中得到深入的讨论，阿洪，迪沃旁特和雷（Agion, Dewatripont & Rey）（1990）、迪沃旁特和梯若尔（Dewatripont & Tirole）（1994）等也在不同的融资环境下继续了这一讨论。但本书是第一次将控制权安排的激励作用和承兑作用之间的冲突予以明确的刻画，并由此来讨论控制权的最优安排。

　　二是识别出企业家风险决策和努力决策之间相互替代和相互补充两种不同的关系，并根据这两种不同的关系对单一证券融资和多种证券混合融资提供了经济解释。戈登和彭那岐（Gorton & Pennacchi）（1990）、萨伯拉曼亚姆（Subrahmanyam）（1991）等人从不同角度对多种证券融资提供了解释，但本书则是从风险决策和努力决策相互补充的角度对多种证券融资提供了一个新的解释。并且指出，在相互替代的条件下，单一证券融资将优于多种证券融资。因此，本书所提供的解释和原有的文献相比更为全面和完善。

第二章　证券设计文献回顾

本章中，我们将回顾证券设计文献的主要结论和研究方法。相对于一些结论的介绍，我们将更着重介绍证券设计的研究方法和框架，因为方法性和方向性的东西更为重要。其中，我们主要介绍了机制设计理论和不完全契约理论。

本章分为三节，第一节回顾证券设计文献的主要结论。第二节介绍机制设计理论及其在证券设计中的运用。第三节介绍研究证券设计的不完全契约理论，并将其和完全契约理论进行比较。

第一节　文献回顾

一　CSV 模型及其发展

按照艾伦和温顿（Allen & Winton）（1995）的文章，证券设计文献可以大致划分为五类：一是基于代理问题的文献；二是基于非对称信息的文献；三是基于控制权分配的文献；四是基于风险分配的文献；五是基于信息获取的文献。由于本书主要基于代理问题和控制权分配问题展开对证券设计问题的研究，所以，我们这里主要回顾一、三两类文献。其他方面的文献回顾可参阅艾伦和温顿（Allen & Winton）（1995）以及哈瑞斯和拉维（Harris & Raviv）（1990）的文章。

基于代理问题的证券设计主要考虑这样一个问题：在企业家有机会转移项目利润的情况下，何种融资契约能够使得投资者的权益可以得到保证？在这个问题中，既然企业家有机会转移利润，就意味着项目的利润水平对于投资者来说是不可观测的，或者是可以观测但无法为第三方所验证，这就使得融资契约中基于利润水平的分配条款难以得到执行。为此，投资者需要付出努力来观测和验证项目的真实利润水平。比如监督、审计、考核等。这些需要花费时间和金钱的活动都是为了核实真实的利润水平发生的活动所带来的。因此，文献一般把这类模型称为有成本的状态检验（Costly state verification）模型，简称 CSV 模型[①]。

汤森德（Townsend）（1979）是第一篇运用 CSV 框架的模型。在他的模型中，风险回避的企业家需要向风险中性的投资者进行融资，但企业利润的真实水平需要花费成本进行

---

① 根据梯若尔（2002）的划分，检验利润需要花费成本属于半可检验模型（semi – verifiable model）。在该书的第三章的补充节中，根据检验利润花费成本的程度，梯若尔把有关的模型划分为四类：不可检验；半可检验；可检验也可操纵；完全可检验。详见该书第 162—190 页。

检验才会得到证实。他的结论是，如果事后的检验是确定性的，即要么检验，要么不检验，那么最优的融资契约具有类似债务契约的特征。即在企业家报告的利润低于某个水平时进行检验，否则不检验。不检验情况下，债权人得到的回报为一个常数；检验的情况下，债权人得到的回报将低于这一常数。如果事后的检验是随机的：即以一定概率进行检验，则债务契约一般来说将不再是最优的。

戴蒙德（Diamond）（1984）则在 CSV 模型中考虑了投资者可以对不还钱的企业家进行"非货币"惩罚的情形。在他的模型中，投资者和企业家都是风险中性的，投资者为了保证自己得到回报，需要设计一个最优的惩罚机制。作者证明最优的惩罚机制将是一个类似古典债的合约①：即如果企业家支付某一固定水平的回报，则不会对企业家进行惩罚，否则，将对企业家进行惩罚。

由于非货币惩罚对于企业家和投资者来说，效用并不一样，一方所失未必是另一方所得②。所以，我们可以把非货币惩罚看成是一种特殊的抵押（collateral）：即企业家以自己的自由或者是声誉等来为融资进行担保。因为抵押或者说质押是指债权人使用一种价值在债权人和债务人之间不相同（往往对债权人的价值更高）的物品或权利来对融资进行担保的行为，例如人们用身份证、驾照、房屋等来为融资担

---

① 之所以说它像古典债，是因为在古代社会，债务人还不起债务，往往要受到关押、劳役等非货币惩罚。当然，现代社会中因为不还债务而遭到人身伤害的现象也时有发生。

② 应该承认，我们难以断定，当债权人得到债务人的一条胳膊时，心中涌起的喜悦是否在数量上和债务人的痛苦相等。

保。注意，我们这里并不对抵押和质押进行区分，尽管它们在现实中所代表的法律关系有所不同①。那么，戴蒙德（1984）得出的结论适合一般的抵押情况吗？莱克（Lacker）（1991）证明，如果企业家的效用函数满足一定条件，则有抵押担保的债务合同将是最优的融资合约。

盖尔和海尔威格（Gale & Hellwig）（1985）则运用机制设计的方法表明，如果企业家和投资者都是风险中性的，在项目只带来一期现金流的情况下，最优的机制（合约）应是一个让企业家如实报告利润的融资契约。他们证明，这样一个融资契约具有标准债务契约的特征。

慕克吉和旁（Mookherjee & P'ng）（1989）首先注意到，如果实施对企业家说谎的惩罚的话，确定性地执行检验将不再是最优的：因为均衡时，企业家将不会撒谎。这样，投资者就可以减少检查。这样一来，随机地执行检验优于确定性检验。但是，在随机检验的情况下，企业家支付给投资者的报酬具有随着项目利润提高而提高的特征。这就使得最优融资契约不再具有标准债务契约的特征。换句话说，债务契约在检验是随机的情况下将不再是最优的。

盖尔和海尔威格（1989）注意到，如果考虑到事后二次谈判的可能，标准的债务契约也将不会是最优的。这是因

---

① 根据《中华人民共和国合同法》的规定，质押和抵押具有如下区别：质权人有权占有出质财产，而抵押权人则不占有抵押物；质权人享有收取孳息的权利，而抵押权人只能在法律扣押了抵押财产后才享有收取孳息的权利；质权人享有最终独立决定拍卖或变卖质押财产的权利。债务履行期届满，债权人未受清偿的，质权人可以与出质人协议以物折价，也可以依法拍卖、变卖质物。而抵押权人在与抵押人协商不成时，只能向法院提起诉讼才能实现抵押权；质押因转移质押财产的占有而产生保管义务与相应的权利。

为投资者对于利润的审计和检验只是起到引诱企业家报告利润的目的。这样，一旦企业家报告了利润（不一定是真实的），审计就不会再起作用。这使得企业家和投资者事后（企业家报告利润后）有二次谈判以降低审计费用的积极性。但是，这种事后的效率改进却使得企业家在事前有了说谎的积极性：因为他预测二次谈判后投资者将降低审计力度。

莱克（1989）也是在不完全契约的环境考虑了 CSV 情况下的融资。与哈特和莫尔（1998）不同的是，尽管契约是不完全的，但如果花费一定的成本，基于现金流的契约还是可以执行的。他表明，如果执行是确定性的，最优的融资契约将具有债务融资契约的特征。但是，如果执行是随机的，债务融资契约将不再是最优的。

张（Chang）（1990）在一个多期的框架下发展了 CSV 模型。他假定融资项目在两期当中产生独立的现金流。如果企业只进行一次融资，且不允许在两期当中向企业的所有者发放期中红利，则最优的融资契约具有债券的特征：期中（一期期末）支付息票（coupon）或偿债基金（sinking fund），期末（二期期末）支付本金。如果投资者在一期期末没有收到固定息票收入或是偿债基金收入，或在二期期末没有收到本金收入，则会进行确定性的检验。

而在张（1993）发展了的 CSV 模型中，张考虑了两期的利润水平不独立的情形。在第一期的利润实现后，留下部分利润进行再投资会提高二期的利润水平。但是，最优的留利水平只为企业家所知道。如果留利高于最优留利水平，则二者之间的差额就会给企业家带来效用，但会给投资者带来损失。张表明,在不存在破产机制的条件下,最优的融资契约类似股权:投资者和企业家得到的报酬会随着企业家报告的利润水平提高而提高。如果允许破产机制①的存在,则类似债权加股权的融资机制将是最优的。

温顿(1995)讨论了多个投资者提供资金给同一个企业家的情形。他表明,企业家将宁愿发行优先(seniority)程度不一的债券而不是优先程度对等的债券,如高级债、从属债等。这是因为当投资者都是风险中性时,减少总的可检验成本会受到投资者们的欢迎。因此,通过付给高级投资者固定且经常的回报,投资者的检验成本在总体上就会下降。

哈特和莫尔(1998)借助不完全契约考察了动态债务(dynamic debt)的作用过程。在这个模型中,现金流在两期里实现。尽管投资者和企业家都观察到了现金流的实现,但由于契约是不完全的,使得签订一个基于现金流的融资契约无法实现。然而,投资者可以借助破产来威胁企业家,使其能够还钱。但是破产机制的运用带来的一个后果是有可能把有潜力的项目(如,前期现金流较低,而后期的现金流较高)给扼杀了。因此,破产程序的运用需要在事前效率和事后效率之间进行权衡。

柯来萨和维拉米(Krasa & Villami)(2000)则提出,如果投资者可以根据情况来调整事后的审计成本,他就可以

_____

① 在张(1993)发展了的 CSV 模型中,破产机制是指由成本对企业进行清算(liquidation),并剥夺了企业家的位置。

根据企业家报告的利润来决定是否执行初始契约。他们表明即使契约的执行是随机的，简单的债务契约也是一个可以避免二次谈判的最优机制①。

以上是围绕 CSV 模型所作的主要工作。从中，我们可以看出，CSV 模型的主要结论是债务合约在收入检验需要成本的条件下是最优的融资合约。但是这一结论对于执行是否是确定性的以及是否存在二次谈判具有很大的依赖性。

二　道德风险模型

由于企业家在融资后的努力水平的高低会影响项目的利润水平，人们很自然地运用道德风险模型来解释融资契约。如果企业家可以承担无限责任（unlimited liability），且不回避风险的话，一阶最优将是企业家承担全部风险而投资者获得一个固定收入。实际上，对这类融资行为，可以理解为企业家持有具有无限责任的股权，而投资者持有无风险的债权。

问题在于，企业家之所以进行融资，就是因为他面临财富约束。既然面临财富约束，他又如何承担无限责任呢？因此，更为现实的考虑应是企业家只能承担有限责任。恩尼斯（Innes）（1990）考虑了这一情形。他假定企业家的努力可

---

① 萨玛（Sharma）（2003）在对此文的一个评论中指出，柯来萨和维拉米（2000）的结论并不是在所有的执行需要成本的融资博弈中都成立。对此，柯来萨和维拉米（2003）的答复中指出，如果满足他们原来论文证明中一个隐含假设，则他们的结论仍然是成立的。

以根据单调似然比特性[①]来提高企业的利润分布,但企业家的努力水平是投资者难以观测的。他表明:如果投资者的报酬随企业的报酬单调增,则最优的融资契约将是债;如果不是单调性的,则最优的融资合约将采取一种"生死符"的形式:当企业收入等于或高于某一水平时,将给企业家全部的利润;否则,企业家将分文不得。

奇萨(Chiesa)(1992)考虑在上述融资环境中引入好坏两种状态来考虑最优的融资契约。在他的模型中,存在好和坏两种自然状态。同样的努力,在好状态下就会有较高的利润水平,在坏状态下,则会有较低的利润水平。他证明,在这种情况下,标准的债务合同并不是最优的合同,最优融资合同是由一个向投资者提供的有担保的债务合同和一个向企业家提供的现金或股权赔付选择权(settlement options)构成的。这样的一份融资合同不仅可以在好的状态下为投资者提供回报,在坏的状态下也可以鼓励企业家努力工作。相反,单一的债务合同将不会鼓励企业家在坏的状态下努力工作,因为少了赔付选择权,在坏状态下的产出将大部分被投资者所获得。

威廉姆斯(Williams)(1989)则把有成本的状态检验模型和道德风险结合起来进行考察。即在他的模型里面,企业的利润水平和企业家的努力水平都是投资者所无法看到的。在这种情况下,最优的融资契约类似股权和不同债权的组合。

---

① 即越努力,出现高利润的可能性就会越大,相关文献可参阅米尔格罗姆(Milgrom)(1981)。

三　基于控制权的文献①

与 CSV 代理模型不同之处在于，关注所有权和控制权的文献不仅关注经理人员的激励问题，也关注投资者的激励问题。

按照考察的问题不同，文献可以分为两类：一类考察所有权和控制权在不同证券之间的分配；另一类考察所有权（股权）权益本身的结构，可以称为所有权结构设计文献。由于本书不涉及所有权结构问题，所以这些文献我们仅在这里简单提及②。

考察所有权和控制权在不同证券之间的分配主要集中在对于外部股本和债务的作用考察上面。

阿洪和博尔顿（1992）阐述了外部债务的基本作用：当契约不完全时，经理和投资者之间的利益冲突无法通过规定经理的努力水平和报酬的合约来解决，这时利用债务以及相关破产机制就可以达到资源的有效配置。具体来说，阿洪和博尔顿认为，投资者仅关心其得到的货币回报，而经理人员不仅关心其货币回报，还关心自己付出的努力。企业前景良好时，经理付出的努力就会得到更多的回报——付给投资者的报酬后还会有较多货币报酬，因此经理就会努力工作；企业前景不好时，企业的赢利在付给投资者报酬后所剩无

---

① 关于这些文献的综述可以参阅哈特（1995，2001）的文章。

② 相关文献有施莱弗和维什尼（1986）、哈达特（Huddart）（1993）、厄得迈提（Admati etc）（1994）、温顿（1993）等人的文章。

几,这意味着,此时经理付出的努力几乎得不到回报,所以,经理将不会努力。因此,这时投资者通过运用债权的形式,在前景良好时,将控制权交给经理,在前景不好时,对企业进行清算,就可以达到资源的有效配置。

卡莱和曾德尔(Kalay & Zender)(1992)从另一个角度对外部债务的这一作用进行了阐述。他们认为,企业家比外部投资者更了解需要付出多大努力才能经营好企业,但由于他只能从其努力中得到部分好处,所以不会竭尽全力。这样,即使外部投资者可以通过花费一定成本来了解经营企业的辛苦程度或者是亲自经营企业,最优的控制权安排方式是在生产状态差的情况下将企业的控制权和企业收入据为自己所有。

曾德尔(1991)则提出一个模型表明同时使用外部债务和外部股本是最优的。在他的模型中,因单个投资者财富不足,需要两个投资者来为一个项目进行投资。为了对正确决策进行有效激励,只能将控制权交给一位投资者。因此,其中的一位投资者将得到股权,另一位持有债权。

伯格洛夫和泰顿(Berglof & Thadden)(1994)则从另一个角度来表明为什么需要同时存在短期债务和长期股权或债务。他们认为企业家没办法向投资者承诺支付多少回报,后者只能借助清算威胁获得赔偿。这样的话,向企业家提供长期融资的投资者在企业家食言的情况下就会处于被动的位置,因为进行破产固然可以惩罚企业家,但同时也伤及自身。这种事后违约情况的存在提高了企业融资的事先成本,使得一些好项目可能无法获得资金。如果引入另外一个提供抵押性的短期贷款的投资者,情况就会有所改观。由于这一投资者提供的资金需要使用企业的资产作为担保，从而在事后的二次（违约）谈判中处于有利地位，因为此时企业的清算价值即使无法满足全部投资者的权益但往往可以满足这一部分投资者的权益，如果企业违约的话，这些投资者就会通过清算获得足够的补偿。

阿洪、迪沃庞特和雷（1990）考察了如何同时运用债务和股本来激励经理努力工作。经理努力会使得企业的价值增加，由于股票具有投票权，在面临接管时，企业家就会获得更多的支持，即使下台，也会得到较高的回报（金降落伞）。另一方面，控制权收益的存在也使得债务可以起到激励的作用：不努力导致的清算使得企业家失去控制权收益。

迪沃庞特和雷（1994）继续了上述三人的工作，阐述了短期债务、股权和长期债务同时存在的原因。他们认为外部投资者的事后干预可以减少经理人员的控制租金。但这一行为在减少企业收益分布的风险的同时，也降低了收益的期望值（因为存在清算成本）。由于股权的回报是企业收益的凸函数，所以股东在事后往往为获得较高的期望回报不愿对企业进行清算。这一原因使得单纯使用股权融资无法解决经理的激励问题。而债券由于具有凹的报酬函数，因此，债权人更希望低风险的收益回报。所以，最优的融资结构将包含短期债务、股权和长期债务，短期债务的存在使得经理人员中期就必须支付一定的报酬，这使得经理必须努力工作以免控制权旁落。股权的存在是为了使得债权的回报具有足够的凹性，长期债务的存在是为了当经理没有偷懒时，如果需要再融资，就可以得到相应的满足。

伯克维奇和依萨尔（Berkovitch & Israel）（1993）把经

理的能力因素引入进来考察控制权在债权人和股东之间的分配。由于换一个新的经理会提高当前收入流的风险,而债权人不喜欢风险,往往不愿换人,这就使得低于平均能力的经理保留下来,而股权的作用正相反。因此,如果保留低能力的经理是合意的,债权人就应该得到控制权。

上述是相关文献的主要结论①。通过对上述文献的回顾,我们可以看出,研究证券设计主要运用的方法和工具是机制设计理论和契约理论,包括完全契约和不完全契约理论。所以,我们下面将利用两节的篇幅对这些理论工具进行介绍。

第二节 机制设计与证券设计

一 机制设计与显示原理

现实生活中,有很多问题都涉及寻求最优的机制(mechanisms)或者是合约(contracts)来配置资源。比如,如何将一个物品分配给众多的需要者?如何在不知道具体收入的情况下,征收所得税?寻求和设计最优的机制需要考虑自然状态(the state of nature)。比如,保险公司往往根据投保人的健康状况来设计寿险合同。这里,投保人的健康状况

---

① 杨其静(2003)基于控制权和企业家的才能讨论了最优的融资合约。但他主要讨论了融资合约中剩余索取权在投资者和企业家之间的如何分配,至于融资合约是采取债还是股的形式,倒不是该文关心的主要问题。

就是自然状态。由于机制设计需要考虑的自然状态往往是关于参与人的一些信息，反映了参与人的一些特征，所以，我们也把这些自然状态称为参与人的类型（type）。我们用 θ 表示参与人的一个类型（一个自然状态），用 Θ 表示所有人的类型集合。用 m 表示一个机制，M 表示所有机制的集合。

如果 θ 是公开的，则一个机制设计问题可以用下面的极值问题来描述：

$$\max E[\,U(\,\mathrm{m}(\theta)\,,\theta\,)\,]$$
$$s.\,t.\,m(t) \in M \qquad\qquad (2\!-\!1)$$

上式中，m (θ) 表示分配机制依赖参与人的类型 θ。U 表示机制设计者的目标函数[①]。显然，它依赖于所运用的机制 m 和参与人的类型 θ。E 代表预期值，说明设计者是从事前的角度来考虑和选择最优机制的。因此，该极值问题 (2—1)表明了下述的机制设计过程：机制设计者观察到参与人的类型，从所有的机制中选择一个能够使得预期目标函数最大的机制。

如果 θ 只是参与人的私人信息，则机制设计者虽然知道参与人都有哪些类型，但无法确定参与人到底是哪一种的类型。他只能根据参与人对自己类型的报告来选择机制。比如，我们可以看到所得税的征收主要依赖纳税人的申报。但是，当参与人有着自己的利益目标时，他就有可能不会如实报告自己的类

---

① 研究不同的问题时，该函数有不同的叫法。在没有明确的研究背景下，一般称为社会福利函数（social welfare function）。

型,因为他的利益目标和机制设计者的目标未必一致。就像纳税人会少报或瞒报自己的收入一样。参与人具体会报告什么类型取决于两个因素,一是机制设计者会选择什么机制,二是自己的真实类型是哪一类。所以,如果我们用 $\hat{\theta}$ 表示参与人报告的类型,则 $\hat{\theta}$ 和 θ 之间的关系可以用下式来描述:

$$\hat{\theta} = f(\theta \mid m) \qquad\qquad (2—2)$$

其中,函数 $f(g)$ 表示参与人的报告策略函数。

显然,机制设计者在寻求最优的机制时需要考虑不同机制下参与人所报告的类型。可参与人的报告策略一定是自利的:即他要报告一个可以使他的利益目标最大化的类型。我们用 $V(g)$ 表示参与人的目标函数,则参与人的行为可以用下述的极值问题来描述:

$$\max_{\{\hat{\theta}\}} V\big(m(\hat{\theta}), \theta\big) \qquad\qquad (2—3)$$

换句话说,机制设计者在选择机制时需要考虑参与人的最佳反应。我们这一最佳反应视为设计者所面对的参与人的激励相容约束。所以,类型 θ 为私人信息情况下的机制设计问题就可以用下面的有约束的极值问题来描述:

$$\max E\Big[U\big(m(f(\theta \mid m), \theta)\big) \Big]$$
$$s.t.\ m(t) \in M$$

$$f(\theta \mid m) \in \arg \max V[\,m(f(\theta)),\theta\,] \qquad (2-4)$$

如果设计者希望参与人的最佳反应是说实话，真实的报告自己的类型，即 $f(\theta \mid m) = \theta$，则上述极值问题中的第二个约束条件就可以变得简单一些，整个机制设计问题可以由下面的约束极值问题来刻画：

$$\max E\Big[\,U\big(m(f(\theta \mid m),\theta)\big)\Big]$$

$$s.\,t.\ m(t) \in M$$

$$V(m(\theta),\theta) \geqq V(m(\hat{\theta}),\theta),\forall\,\theta,\hat{\theta} \in \Theta \qquad (2-5)$$

极值问题（2—5）是一个要求参与人说真话的机制设计问题，因此，我们把问题（2—5）所寻求的机制称为对应于问题（2—4）的直接机制（Direct mechanisms）。

直接机制的寻找显然和寻找问题（2—4）下的最优机制有所不同：问题（2—4）的约束条件并不要求参与人一定说真话。这意味着问题（2—4）的容许集较问题（2—5）更宽泛，因此，寻找解会更困难。而问题（2—5）的约束条件更严格，使得容许集更狭小，寻找解的过程会容易些。但是，显示原理告诉我们，在一定条件下，只要是通过解问题（2—4）得到的最优机制都可以通过解问题（2—5）来得到。也就是说，任何一个最优机制都可以通过一个说真话的最优机制来实现。

正式的，我们有下述定理：

定理 2—1（显示原理）：若（m^*，f^*）是机制设计问题（2—4）的一个解，则存在一个问题（2—5）的解（m'，f'），使得两个解的结果是相同的。

证明：显然，问题（2—5）的约束集合要小于问题（2—4）的约束集合：因为在问题（2—5）中，我们仅考虑参与人说真话的情形。因此，问题（2—5）的最优解不会比问题（2—4）的最优解更好。下面，我们证明问题（2—5）的最优解也不会比问题（2—4）的最优解更差。

假设某一个机制 m^*（θ）和参与人对此机制的最佳反应策略 f（$\theta \mid m^*$）构成了问题（2—4）的解，我们可以定义一个机制 m'（θ）m^*（f（$\theta \mid m^*$）），显然，该机制与机制 m^*（θ）都是问题（2—4）的最优机制。但是，机制 m'（θ）是一个说真话的机制，构成了问题（2—5）的解。这就说明，对于问题（2—4）任意的最优机制，我们都可以运用问题（2—5）的解来复制。①

根据显示原理，我们要解问题（2—4）的最优机制，只需要考察其相应的直接机制有没有说真话的解。可以证明，在一定的条件下②，问题（2—4）的解总是存在。这意味着，在寻求最优机制时，我们只要从那些说真话的直接机制中寻找就可以了。

----

① 我们这里仅给出一个简单的证明思路。更为严格的证明可以参阅马斯克莱尔（Mas - colell etc）（1995）的著作。

② 实际上，当且仅当参与人的报告函数 f 是激励相容的，问题（2—4）的解将总是存在。相关证明可以参阅马斯克莱尔的著作（1995）第 23 章。

但是，机制设计中经常遇到的问题还不是是否存在诚实均衡的问题，而是往往存在太多均衡的问题。如果所有均衡产生的结果都相同，无疑是非常理想的。但这是一个很大的要求，因为不同的均衡导致的结果往往不同。所以，机制设计文献中的通常做法是提炼均衡概念来删除不合意的均衡。相关的工作可参阅帕尔夫瑞（Palfrey）（1992）的文章。

二 机制设计在证券设计中的运用

如前面所述，证券设计是要研究在不同环境下如何寻求最优的融资合约。根据哈瑞斯和拉维（Harris & Raviv）（1995）的文章，我们可以知道，任何一个融资合约都应视为一个博弈。这是因为融资合约不仅仅应该规定收益的分配规则，还应该规定缔约各方的行动程序（procedures），通过这些程序来引导缔约各方的行动。也就是说，融资合约允许缔约各方在一定的规则下进行博弈。因此，融资合约的选择可以看成是博弈的选择。所以，证券设计问题的实质是机制设计问题，即如何寻求一个博弈通过它的博弈均衡来实现融资的目标。

不过，由于融资环境的不同，机制设计者的目标函数以及当事人的类型空间和行动集合都会有很大差异，这使得人们所选择的博弈机制也不尽相同。比如在道德风险环境下，有两个当事人：委托人和代理人。代理人的行动集合为 $\{a \mid a \in A\}$，委托人没有行动可以选择，但他充当设计者的角色，需要选择一个激励方案 $w(\cdot) \in W$。由于不存在关于类型的私人信息，设计者的目标函数为 $m = (a, w(\cdot))$，其中

w（·）表示一个激励相容的方案。这样一个直接机制就会存在一个让当事人选择恰当行动 a 的博弈均衡。

在证券设计文献中,体现上述思想最为典型的模型是状态检验成本（Costly state verification,下文简称 CSV）模型［见汤森德（1979）,盖尔和海尔威格（1985）］。CSV 模型描述了检验企业经营真实状态在需要付出成本的情况下,一个类似于债的直接机制可以产生让企业家选择主动回报投资者的博弈均衡。

柯莱萨和维拉米（2000）把预防二次谈判（renegotiation - proof）的要求引进 CSV 模型,来说明简单债务契约是所有可以预防二次谈判的契约中最优的契约。萨玛（2003）则在放松了柯莱萨和维拉米（2000）模型中的一个条件后,表明简单债务可能无法达到预防二次谈判的目的。

如果融资是在关于项目质量不对称信息的环境下进行的,则机制设计的方法更是大有用武之地。因为这是最为典型的机制设计问题。代表性文献是 Boot & Thakor（1993）的文章。在这篇文献中,他们假定融资项目有好坏两种类型,好的项目产生的现金流 G 大于坏的项目产生的现金流 B。在金融市场上,有两类投资者,分别是知情投资者和不知情投资者,不知情者可以花费一定的代价成为知情投资者。他们表明,在分离均衡中,坏项目企业得到的收入低于混同均衡,这使得他更偏好混同均衡。而好项目企业则是尽可能将自己与坏项目企业区别开来,因此他偏好分离均衡。对于投资者来说,越是知情的投资者越会购买好项目企业发行的债券,这使得好项目的债券价格上升,从而使得好企业愿意发行信息敏感的证券。

在不完全契约的融资环境下，也可以运用证券设计来讨论机制设计问题。如哈特和莫尔（1998）借助不完全契约考察了动态债务（dynamic debt）的作用过程。在这个模型中，现金流在两期里实现。尽管投资者和企业家都观察到了现金流的实现，但由于契约是不完全的，使得签订一个基于现金流的融资契约无法实现。然而，投资者可以借助破产来威胁企业家，使其能够还钱。但是破产机制的运用带来的一个后果是有可能把有潜力的项目（如，前期现金流较低，而后期的现金流较高）给扼杀了。因此，破产程序的运用需要对事前效率和事后效率进行权衡。

阿洪，博尔顿和梯若尔（2000）则运用机制设计的方法讨论了在风险资本合约中最优退出权的安排问题。这是讨论这类问题的第一篇采用机制设计的方法的论文。在这篇论文中，他们考虑了一个流动性的股票市场对于控股股东主动监督行为（active monitoring）的影响。

上面，我们考察了几种常见的融资环境，可以发现，每一种环境下，我们可以运用机制设计的方法来研究相关的问题。对于机制设计在证券设计文献中的作用，我觉得最好的评论是哈瑞斯和拉维（1995）所做出的。他们认为：

……现有的（证券设计）文献把证券视为资源分配的规则，在结果分配中规定谁获得什么。本文中，我们将提出一个新的方法来分析公司证券。特别是，我们认为，在一些环境下，契约不仅应规定结果的分配规则，也应规定缔约各方的行动程序，以治理各方那些会影响结果的行为。也就是说，我们倾向证券设计应该视为一个博弈设计问题。这一方法允许我们考察（融资）契约的一些影响资源有效配置的重要特征，如谈判博弈等。

……融资合约的缔结有着天然的局限，即分配规则的执行需要依赖环境的特点，如收入不可检验就使得以分配收入为基础的合同难以执行。给定这些限制，运用博弈设计的方法，借助博弈各方的互动，就可以改善资源的配置结果。原因在于，即使一些环境下，分配规则不可执行，但是博弈的均衡策略及其结果却可以实现相关的分配。换句话说，博弈可以绕开环境对分配规则的限制。

第三节　完全契约与不完全契约①

一　简介

如第一节所表明的那样，证券设计文献多是在契约理论的框架下展开。而本书后面章节所建立的模型也主要是基于契约理论。所以，我们在这里利用一节的篇幅来讨论契约理论的一些问题。

对于契约理论，不同作者给予不同的范围。基于对契约性质的认识，契约理论可以分为完全契约理论和不完全契约

---

① 本节的部分内容曾发表于《经济学动态》2002 年第 7 期，见王勇（2002）的文章。

理论。完全契约理论可以看成是委托代理理论的代名词。不完全契约理论则是由交易费用学说发展而来。我们认为，契约理论作为一种理论工具，根据其研究目标来界定它，是不妥的；更不能简单说是研究"契约"的。既然和一般均衡理论一样都是一种研究现实的工具，不如用它的研究方法的特点来界定它。仔细考察，不难发现完全契约理论和不完全契约理论虽然在理论前提和研究范式上大相径庭，但仍然具有一些共同的特点：

● 多数情况下，它们都是局部均衡分析，即只考虑单一市场的情况；

● 描述了行为主体的互动情况：多数情况下，是两个行为主体的互动；

● 约束条件来自契约的规定。这些契约可能是明显的（可由第三方监督），也可能是隐含的；

● 这些理论都充分利用了不对称信息下的非合作博弈这一理论工具。

这里不打算对完全契约理论和不完全契约理论进行全面的梳理①，只是希望通过介绍两种分析方法在分析结果上的差异，揭示出两种理论的联系和区别。

确定这样的写作动机，主要是因为作者在阅读国内的一些介绍性或综述性文献时，感到对这两种理论尤其是不完全

---

① 对这两种的比较评判，可见哈特和莫尔（Hart & Moore）（1999），马斯金和梯若尔（1999a，1999b）以及西格尔（Segal）（1999）。

契约理论的观点（idea）介绍颇多①，而对于不完全契约理论的方法（approach）则着墨不够②。对于两种分析方法的差异更是鲜有提及。而这两种理论在分析方法上的差异却决定了二者在理论分析上的分工③，认清这一点，我们才能运用恰当的理论工具以保证得到尽可能科学的结论。另外，不完全契约理论的研究方法正越来越成为企业理论（the theory of firm）、公司金融（corporate finance）、公司治理（corporate governance）等领域的基础工具，掌握这一方法已是相关领域研究者的客观需要了。

鉴于国内对于完全契约理论已经有比较全面的介绍，因此本节对完全契约理论的介绍很简单。我们采用一个简单模型来介绍不完全契约理论的分析方法，将一些重要文献的结论容纳进来。最后结合重新谈判（renegotiation）问题，介绍两种方法在分析上的迥异。

二　完全契约理论

前面提到，完全契约理论就是委托—代理理论。由于不同的学者对于委托代理理论所涵盖的范围有不同理解，所以，我们在这里需要明确我们研究的范围。具体来讲，我们理解的完全契约理论主要包括下述三类模型：

---

①　如最新的一篇综述性文献见杨其静（2002）。

②　对于完全契约理论，即委托—代理理论，张维迎教授的教科书《博弈论和信息经济学》有非常全面的介绍。

③　可参阅哈特（2001）对完全契约理论和不完全契约理论在公司金融研究方面作用的介绍。

- 逆向选择模型
- 信号发送模型
- 道德风险模型

在上述三种模型中，行为主体都可以分为两类：一类是知情方，即具有私人信息或行动的一方；另一类是不知情方，即没有私人信息或行动的一方。在逆向选择模型中，不知情方对于知情方的特征完全不了解，行动顺序是不知情方首先行动。在信号发送模型中，则是知情方首先行动。道德风险模型中，不知情方对知情方的行动不了解，行动顺序是不知情方首先行动。

就行为主体来说，由于只有两方，这显然是一个双边垄断的情形。对于此，只有明了双方如何进行讨价还价，我们的分析才能深入进行。遗憾的是，不对称信息下讨价还价的研究非常复杂，到目前为止，经济学家就使用什么均衡概念还没有一致的意见。委托—代理模型通过将全部讨价还价的权力交给一方避免了讨价还价模型遇到的困难。拥有全部讨价还价能力的一方提出一个对方要么接受要么离开的契约，而对方则没有提出另一契约的自由。这样一来，从博弈论角度来看，委托—代理模型实际上相当于一个斯塔克尔伯格（Stackelberg）博弈，委托人（提出契约的一方）相当于该博弈中的先行者（the leader），代理人（接受或拒绝契约一方）则相当于跟随者（the follower）。

尽管委托—代理模型把全部的讨价还价能力都交给了一方，和现实有很大的出入，但这一模型却可以说明很多现实

问题。除了经典的所有者——经理问题，还包括保险公司和
投保人的问题，制造商和经销商问题，厂商和工人、银行和
贷款者等很多领域中具有类似信息结构的问题。从另一角度
看，委托—代理模型的结果通常是一种有约束的帕累托最
优，即它通过保证一方的效用水平来最大化另一方的效用水
平。因此，如果我们关注的是最优解的一般性质，这种方法
并不损害一般性。

最后，还要提及萨拉尼（Salanie）（1996）对委托—代
理模型的批评。他认为，如果代理人的参与需要一定成本的
话，有可能没有任何类型的参与人来参与。尽管这样的一个
悖论可以通过引入事先的承诺行动来消除，它依然可以表明
委托—代理模型是一个比较极端从而比较脆弱的模型假设。

三　不完全契约理论

契约是完全的，这显然是一个很强的假设。因为这意味
着影响契约关系所有的相机情况（contingencies）都被考虑
在契约中。而在现实中，就一个契约进行谈判显然是件很费
力气的事情。因此，很可能出现把一些相机情况考虑在内所
需的成本要大于把这些情况写进契约所得的收益的情形，这
时契约中就不会含有反映这些相机情况的条款。从而契约就
是一个不完全契约。另外，当契约关系中包含一些结果为第
三方无法验证的变量时，这时契约就不会包含基于这些变量
的条款，因为出了纠纷是无人能够给予解决的。此时，契约
也是不完全的。最后，如果假设行为主体的理性为有限理
性，那么行为主体就会出现考虑不周，即因没能估计到一些

变量的后果而没有把有关变量列为契约条款，造成契约的不完全。正是这些原因，现实的契约是不完全的。

对于不完全契约的研究主要是建立在交易费用经济学（transaction cost economics）的基础上[①]。交易费用学说由科斯、威廉姆森等人创立。交易费用经济学认为，由于行为主体是有限理性的，且其行为是机会主义的（opportunistic），在一些资产具有关系专用性（relationship - specific）（即只有在双方业务关系下，这些资产才有用）特征时，双方由于担心对这些资产的投资带来的剩余会被对方窃取，将对这些资产投资不足。这也就是著名的"敲竹杠"问题（hold up problem）。由此带来了对"产权"（property rights）的强调。格罗斯曼和哈特（Grossman & Hart）（1986）认为，产权可以定义为剩余控制权（residual control rights）：即当未预料的情况发生时，决定物品如何被使用的权利。如果契约是完全的，这些权利显然是没有价值的，因为此时不会有未预料的情况出现。因此，只有契约是不完全的时，产权或剩余控制权才是重要的。

下面，我们用霍姆斯特姆和梯若尔（Holmstrom - Tirole）（1989）的例子来说明上述的思想。假设制造商甲和分销商乙已经签订了一份合同。现在，甲需要决定是否投资一项新技术的研发以增加产品的市场价值。假定该技术带来的价值增量是随机变量 v，其值要么是 2，要么是 4。如果甲投资 x^2 就会以概率 x 保证 $v = 4$。但是，该技术却要使分销

[①]　正是基于这一点，国内许多学者都将不完全契约理论归入交易费用理论当中，如张维迎的文章（1995，第 16—24 页）。

商乙花费一定成本来改造生产线。改造生产线的成本是一个取值要么为 1，要么为 3 的随机变量 c。如果乙也进行专用性投资，投资 y^2 将保证以概率 y 使成本 $c = 1$。假设四个变量 x、y、v、c 的实现值双方都可以观察到，但第三方却无法验证。在这种情况下，双方事先签订的契约显然是不完全的。若我们假设双方在观察到 v 和 c 的实现值后可以重新谈判，这样就有如下的博弈过程：

• 甲、乙选择投资水平决定值 x 和 y；

• 甲、乙观察到 v 和 c 的实现值；

• 甲、乙就是否销售新产品以及如何分享剩余进行重新谈判。

应该注意到，采用新技术的产品只有在 $v > c$ 的情况下上市销售才是有利可图的。这对应三种情形：（i）$v = 2$，$c = 1$；（ii）$v = 4$，$c = 1$；（iii）$v = 4$，$c = 3$。相应的概率分别是（$1 - x$）y、xy、x（$1 - y$），这样上市销售的预期毛社会剩余为：

$$S(x, y) = (2 - 1)(1 - x)y + (4 - 1)xy + (4 - 3)x(1 - y)$$
$$= xy + x + y \tag{2—6}$$

净剩余为：

$$W(x, y) = \left[S(x, y) - x^2 - y^2 \right]$$
$$= x + y + xy - x^2 - y^2 \tag{2—7}$$

最大化预期净社会剩余，有：

$$x = y = 1, \quad W^* = 1 \qquad (2\text{—}8)$$

因此，社会最优要求双方都进行最大投资确保 $v = 4$ 且 $c = 1$，使新产品得以上市销售。

现在甲、乙两厂商重新谈判。假设双方的讨价还价有一个纳什解，即双方决定均分预期的毛社会剩余。预计到这一点，甲在选择投资决定值 x 时，将最大化见下式：

$$\frac{1}{2}S\ (x,\ y)\ - x^2 \qquad (2\text{—}9)$$

同样，乙在选择 y 时，也会最大化：

$$\frac{1}{2}S\ (x,\ y)\ - y^2 \qquad (2\text{—}10)$$

分别解上述两式的最大化，可以得到：

$$x = y = \frac{1}{3} \qquad (2\text{—}11)$$

带入预期社会净剩余公式，有：

$$W = \frac{5}{9} \qquad (2\text{—}12)$$

可以看出，此时双方都将投资不足。这是因为甲、乙都预期到他们的投资收益将有一半为对方所得，自己只能得到投资的收益的一半，这使得他们投资的积极性下降了。

现在假设，甲并购了乙，实现了下游一体化。此时乙将不会进行任何投资，因为他的投资收益将会被甲全部占有，而投资成本却需要自己承担。因此有 $y = 0$，$v = 3$。这样，甲将选择 x 来最大化见下式：

$$S\ (x,\ 0)\ - x^2 \tag{2—13}$$

有：$x = \dfrac{1}{2}$，$W = \dfrac{1}{4}$

较之于上面非一体化的情形，此时乙投资不足，甲投资过度。

如果是乙并购了甲，即实现了上游一体化。经过类似计算，有 $x = 0$，$y = \dfrac{1}{2}$，$W = \dfrac{1}{4}$。即这时是甲投资不足，乙将投资过度。

需要指出的是，在本例中，一体化下的社会净剩余要小于非一体化。这一结论并非是一般性的。因为它依赖于本例中模型设定的形式和参数。在哈特（1995）的文章中给出了非一体化、下游一体化和上游一体化一般性条件。

在这个例子中，突出了在不完全契约下产权的不同配置对于投资的影响。但在不完全契约中，另一较为重要的问题就是重新谈判问题。尽管在上例中我们提到重新谈判但并没有展示其作用。实际上，由于会出现一些契约没有规定的相机情况，人们往往需要就契约的某些条款重新进行谈判。这样，不完全契约的重新谈判就有了和完全契约下重新谈判完全不同的含义。在完全契约情况下，允许重新谈判实际上是一个事先的约束，因此将导致效率的损失。这样就需要防止重新谈判。实际上，在完全契约理论中，均衡的长期契约要求之一就是不需重新谈判。而在不完全契约下，重新谈判可能对社会是有益的，在均衡中它将是实际发生的。下面将对此进行较为细致的比较。

四　完全契约和不完全契约的比较

我们用一个道德风险模型来说明完全契约和不完全契约中重新谈判所起的不同作用。

先看完全契约。根据格罗斯曼和哈特（1983）的文章，最优契约由下式来确定：

$$Max(\sum_{j=1}^{m} p_{ij}u(w_j) - a_i)$$

$$s.t \ \sum_{j=1}^{m} p_{ij}u(w_j) - a_i \geq \sum_{j=1}^{m} p_{kj}u(w_j) - a_k, 对于任意的$$

$k \neq i$　（IC）

$$\sum_{j=1}^{m} p_{ij}u(w_j) - a_i \geq U \qquad （IR） \tag{2—14}$$

现在，假设双方可以重新谈判，即在委托人注意到代理人选择的行动 a，双方就契约进行重新谈判。根据福登伯格和梯若尔（Fudbenberg & Tirole）（1990）的文章，当代理人已

经做出努力 a 而产出还没被观察到时,工资函数 w^* 此时仅提供给代理人激励,风险分担还没有确定。根据前面的假定,若委托人风险中性,代理人风险规避,工资函数将确定风险分担显然不是最优的。因为最优的将是委托人承担所有的风险,代理人不承担风险,即代理人将得到一个常数工资。

这表明,一旦代理人做出努力 a 后,双方进行重新谈判使代理人得到全保将会使双方受益。这样,代理人预计到工资契约将重新谈判,他最终会得到一个常数工资,就会选择偷懒,使原来的契约起不到任何的激励作用。但是,当委托人预计到这一点时,代理人完全选择偷懒也不是一个最优的选择,因为委托人会给他一个很低的工资。因此,他有可能选择一种混合策略,而这又需要委托人对此进行甄别,类似垄断厂商对消费者类型的筛选。

我们从这个例子得出的基本结论就是,如果双方在行动选择后,还可以重新进行谈判,那么委托人无法让代理人以概率 1 来选择最努力水平。因此,重新谈判将会带来效率损失。

现在我们来考虑不完全契约。

假设 a_i 是经典道德风险模型予以实施的行动,因此存在一个工资方案 w^* 满足下式:

$$\sum_{j=1}^{m} p_{ij} u(w_j) - a_i = \sum_{j=1}^{m} p_{kj} u(w_j) - a_k \geq U \qquad (2\text{—}15)$$

如果行动可以观察但不可以验证,委托人可以首先提供工资 w^*,在观察到代理人行动选择 a_k 后,可以提供满足下

式的常数工资 w_k：

$$u(w_k) = \sum_{j=1}^{m} p_{kj} u(w_j^*) \qquad (2\text{—}16)$$

代理人将会接受这一新的工资水平，因为新老合同对他来说是无差异的。这样代理人需要选择 a_k 来使下式最大化：

$$u(w_k) - a_k \qquad (2\text{—}17)$$

根据模型的构造，该式等于下式：

$$\sum_{j=1}^{m} p_{kj} u(w_j) - a_k \qquad (2\text{—}18)$$

因此，代理人的选择仍将是 a_i。

但是由于函数 $u(\cdot)$ 是凹的，根据詹森不等式，对于任意 k，有：

$$\sum_{j=1}^{m} p_{kj} u(w_j^*) \leq u\left(\sum_{j=1}^{m} p_{kj} w_j^*\right) \qquad (2\text{—}19)$$

因此，$w_k = u\left(\sum_{j=1}^{m} p_{kj} u(w_j^*)\right) \leq \sum_{j=1}^{m} p_{kj} w_j^*$ $\qquad (2\text{—}20)$

这说明在不完全契约下实施最优的行动 a_i 比起完全信息下只需要较少的成本：重新谈判允许委托人对代理人的风险进行全保，从而使他更容易选择激励相容的工资方案。荷曼林和卡茨（Hermanlin & Katz）（1991）的文章进一步表明，在某些条件下，委托人可以利用显示博弈（revelation games）来回避努力不可检验所造成的问题，从而通过重新谈判可以达到最优的结果。

上面这个例子可以很好地表明完全契约和不完全契约之间的差异：当契约是完全时，重新谈判实际是一种约束，而当契约是不完全时，重新谈判实际可以增加效率。这是一个具有普遍性的结论。

五　小　节

本节重点介绍了不完全契约的分析方法以及这种方法和完全契约理论分析方法的差异。我们深信对一种理论分析方法的掌握应是我们学习的重点。正是基于这一理解，我们认为在关于应该从什么层面上来研究完全契约和不完全契约的问题上[①]，不应当从没有现实问题的背景条件下抽象地予以讨论。换句话说，脱离了具体现实问题，对于契约在本质上到底是不是完全的探讨，固然可以满足人们形而上的探究，但对于我们要掌握的分析方法来说，不啻有些迷途了。

---

① 见梯若尔（1999）对此问题的探讨。

第三章 控制权分配与证券设计

本章中,我们讨论不同的融资方式对控制权在投资者和企业家之间的分配有何影响。现有的资本结构的控制权安排模型主要基于不完全契约理论来展开其论述。这是因为,人们认为只有在不完全契约的框架下,才有控制权的问题。实际上,在不完全契约下的控制权是一种剩余控制权,即如果现实中出现了契约中没有规定的情况,此时谁说了算。但是,在一般含义上,控制权应该理解为西蒙(Simon,1951)的定义:即一方具有改变另一方行动的权利。本书将追随马斯金和梯若尔(1999)以及梯若尔(1999)的观点,认为在完全契约下也有控制权问题。因为完全契约只不过意味着在给定双方对于未来偏好和未来行动只有有限知识的情况下双方签订一个最优的合同。因此,完全契约并不意味着在初始合同中规定未来所有的行动进程。

根据阿洪和博尔顿(1992)、哈特(1995)、哈特和莫尔(1998)观点,控制权转移给投资者可以通过增加预期回报(the pledgeable income)便利融资。换句话说,控制权可以成为现金流量权的替代。本书将把这一结论视为既定假设，认为在信息不完全的环境中，外部投资者需要掌握对企业行为的部分控制权来保证其回报的安全性。我们把这种情况称为控制权安排的承兑作用（commitment effect）。由于债务和股本对于现金流量有着不同的请求权（Claims），因此，股东和债主对于控制权有着各自不同的要求。这就意味着，不同的融资结构将要求不同的控制权安排。

另一方面，在一个层级组织中，企业家不仅追求货币形态的收益还追求非货币形态的控制权收益。这样，控制权就可以成为激励企业家努力工作的一个工具。从而，控制权可以成为激励企业家努力工作的现金流的替代。因此我们把旨在激励企业家进行的控制权安排称为控制权安排的激励作用（efficiency effect）。

控制权安排的承兑作用和控制权安排的激励作用会存在冲突：由于权力的排他性，在控制权资源有限的情况下，实现控制权安排的承兑作用必然会降低其激励作用。比如，公司章程中规定股东或董事会有很大的权力时，企业家（企业家层）的权利就会很小，典型情况如风险资本控制下的企业。

既然控制权安排的两种作用是相互冲突的，因此寻求一个在发挥激励作用的同时可以使得投资者收益最大的控制权安排就应是我们一个合意的目标。由于每一种融资工具都是附带控制权要求的，这意味着我们可以通过证券设计来追求上述合意的目标。所以，本书将通过对不同融资方式的比较，来考察不同证券设计下的控制权安排①。

本章的安排如下，第一节是对相关文献的一个回顾；第二节考虑债权融资下的控制权分配；第三节考虑股权融资下的控制权分配；最后一节是小结和扩展。

第一节　简　介

对融资结构的研究始于莫迪格利安尼和米勒（Modigliani & Miller）（1958）的工作。他们认为，在一个完美的世界中（没有税收，市场无摩擦、不存在不确定性以及没有不对称信息），企业无论采取什么样的融资结构都不会影响企业价值。这是因为在这些假定条件下，尽管未来的收益流是不确定的，但它不受现在的融资结构的影响，融资结构决定的只是分配收益流的形式。正如米勒在介绍 M—M 定理时所说的笑话："你最好将饼切成 4 块，我不太饿，吃不掉 6 块。"

由于其完美世界的假设，"M—M 不相关定理"提供了研究融资结构的参照系。对比着这一参照系，金融经济学家开始考虑现实中那些不完美的因素对融资结构的影响。

首先，纳入这些学者视野的是税收的作用。在莫迪格利安尼和米勒（1963）的工作中，考虑到债务对于税收的屏障作用，认为要增加企业的价值，应该进行更多的债务融资。这一观点显然与现实中的融资行为相抵触。针对这一观点，

---

① 对于控制权安排的承兑作用和激励作用，我曾在一篇文章中做过初步探讨。见王勇（2003）的文章。

克劳斯和利兹伯（Kraus & Litzenberer）（1973）以及斯科特Scott（1976）等提出了债务融资不仅要考虑债务融资所带来的避税收益，还应该考虑它所带来的破产成本，从而形成融资结构的"权衡理论"（the trade – off theory）。其核心观点是企业的最优财务杠杆取决于负债的预期边际税收收益等于负债的预期边际破产成本。但这一观点遭到的质疑是债务的破产成本和想要平衡的税收利益相比显然太少了。正如米勒（1977）所比喻的："债务的税收利益和破产成本就像寓言中所说的炖马与烩兔子的菜谱，一边是马，一边是兔子。"

其次，随着企业理论和信息经济学的出现和发展，金融经济学家们开始注意到不对称信息以及代理成本对于融资结构的影响，并逐渐形成了融资结构的激励理论。这些理论认为，由于非对称信息的存在和企业所有权和控制权的分离，将出现"逆向选择"和"道德风险"问题，由此会产生代理成本，使得企业的价值降低。因此选择一种可以降低代理成本的融资结构就可以提高企业的价值。换句话说，融资结构可以影响企业的价值。这一观点显然与 M—M 定理以及税收的权衡理论认为融资结构不会影响企业价值的观点形成鲜明对比。

具体来说，分析道德风险的融资结构理论起源于詹森和麦克林（1976）。他们认为，股权融资会导致外部股东和管理者之间出现道德风险问题：即由于管理者不完全是企业的所有者，其努力的成本和收益不对等，这使得管理者会偷懒。债务融资可以通过不分享企业家的边际利润来缓和这一问题。但债务融资又带来了债权人和内部股东之间的道德风险问题：在有限责任情况下，股东会选择从事风险较大的投资项目，使风险和收益在股东和债权人之间不对等分布。因此，债务融资也存在代理成本。企业的融资结构是权衡股权融资的代理成本和债务融资的代理成本之后决定的，最优的融资结构要使得两种融资方式的边际代理成本相等从而使得该融资结构下的总代理成本最小。哈瑞斯和拉维（1990）、斯塔茨（Stulz）（1990）等继续对债务缓和企业家和股东之间的道德风险问题的机制进行了更为细致的探讨。这里不再详述。

但是，所有这些探讨融资结构的道德风险模型都有一个共同的缺点，正如哈特（2001）所批评的那样，既然道德风险是一个典型的激励问题，为什么一定要用融资结构而不用一个激励合同来解决这一问题呢？

融资结构的激励理论的另一部分集中在企业家具有私人信息而不是私人行动上面：即融资过程中，企业家比外部投资者更清楚所投资项目的收益情况。这将导致融资的"逆向选择"问题。为了解决这一问题，企业家可以借助融资结构的选择来传递投资项目的信息。罗斯（1977）认为负债—股权比可以传递出企业的质量高低：由于破产概率和企业质量负相关，和负债水平正相关，相同的负债水平对于不同质量的企业来说，导致的破产概率不同：高质量企业破产概率低，而低质量企业破产概率高。这就意味着使用较高负债—股权比来传递信息时高质量企业的成本比低质量企业的成本要低得多，低质量企业难以选择和高质量企业相同的债务水平，因此负债—股权比可以成为一个传递出企业质量情况的信号。利兰德和派勒（Leland & Pyle）（1977）认为风险规避的企业家持有的股本比例（即内部股本占全部股本的比例)可以传递出投资机会收益的真实信息:这是因为一个具有低平均收益投资机会的企业家由于其风险规避的倾向不会持有大量的股本。梅耶斯和梅吉拉夫(Myers & Majluf)(1984)认为融资方式可以传递出企业的价值:在企业价值被低估时,现有股东因担心利益流向新股东而不批准为新项目增发新股,反之则相反,因此,股权融资将向市场传递出一个坏消息,举债则是一个积极的信号。

上述有关信号传递的融资结构模型不仅具有前面提到的哈特所批评的缺点,还具有结论对所传递信号的内容十分依赖的缺点。霍姆斯特姆和梯若尔(1989)指出,如果信号传递的是关于收益分布均值的信号,则股权融资是个坏消息;如果信号传递的是关于项目风险的消息,则债务融资就会成为一个坏消息。另外,如大部分信号模型一样,该类文献还具有多重均衡的缺点。津加莱斯(Zingales)(2000)甚至认为,任何对企业融资活动的理论研究都必须以企业理论为基础,但是,信号理论文献却是与企业的观念相分割的。

如上所述,旨在解决激励问题的融资结构代理理论并不能给我们带来一个满意的融资结构理论模型。新近发展起来的融资性契约理论(financial contracting theory)开始把控制权或决策权考虑进来。与前面的融资结构文献不同之处在于,融资性契约理论不仅强调股本和债务所代表的对货币收益的索取权,更强调它们所代表的控制权。代表性文献有阿洪和博尔顿(1992)、哈特(1995)、哈特和莫尔(1998)、哈特(2001)等的文章。在这些文献中,融资性契约被视为一种不完全契约。由于不完全契约难以规定未来各种状态下各方的权利和责任,当意外发生而又需要进行重要决策时，决策便难以进行。所以，需要在契约中规定一个决策程序（decision - making process），以确定意外发生时决策如何进行。融资性契约理论认为，对于融资活动来说，确定决策程序可以通过选择融资结构来实现。比如，当企业具有偿债能力时，股东具有决策（控制）权；当资不抵债时，债权人具有决策（控制）权。

阿洪和博尔顿（1992）假定在融资阶段和道德风险阶段之间，还存在外部投资者的干预行为（interim action）。这种干预的好处是可以提高融资项目的成功概率，缺点是干预行为是有成本的。他们的结论是，如果干预的后果可以使项目成功的概率提高到足以使企业家期望收入高过没有干预的情况时，将控制权让渡给外部投资者将是最优的。

阿洪和梯若尔（1997）在相同的思路下考虑了多重控制权的安排问题。每一项控制权都意味着干预一种行为，如果一种干预行为可以提高企业价值的话，该控制权就应该交给外部投资者，否则，由内部人保留。模型的另外一个重要引申含义是具有较好财务报表（stronger balance sheets）的企业将让渡较少的控制权。高佩斯和勒那（Gompers & Lerner）（2001）对美国小的生物科技企业以及制药企业的经验研究对这一研究结果提供了支持。

考虑到控制权因素，可以发现证券设计（security design）可以通过胡萝卜加大棒机制（a carrot - and - stick mechanism）来约束企业家的行为。迪沃旁特和梯若尔（1994）考虑了债权加股权下的这一机制的运用，伯格洛夫和泰顿（1994）则在短期债务加长期债务的情况下，讨论了这一机制。这两篇文献的基本观点是：由于企业家的福利依赖于他们对企业的管理活动以及货币报酬，这样，投资者所拥有的控制权（用来进行干预行为的权利）就可以成为激励企业家的一个手段。但由于控制权持有人在行使干预时的收益成本在不同时期因融资工具的不同而相异，所以，为约束企业家的行为需要把控制权从一种证券持有人手中转移到另一类证券持有人手里。

第二节 债权融资下的控制权安排

一 建 模

考虑企业家的投资活动。项目需要投资 I，但企业家没有任何资金，因此需要外部融资 I。企业家的项目只进行一期，要么成功，要么失败。如果项目成功，带来的利润 Π 可以足够偿付投资者要求的回报 $\Pi_L \geq I$，即 $\Pi > 0$，且 $\Pi > \Pi_L$；若项目失败，则利润等于 0，企业的剩余资产价值也为 0[①]。假定企业家受有限责任保护。因此，若项目失败，企业家的货币收入为零。同时，由于剩余资产的价值为 0，这使得投资失败时，投资者的收入也为 0。假设投资者和企业家都是风险中性的。

————————

① 之所以假定项目失败时剩余资产价值为 0，主要是基于计算简便的考虑。实际上，引入一个价值为正的剩余资产将不改变本书的主要结论，相关讨论见本章小结。

我们假定成功条件下投资者得到的报酬 Π_L 为外生给定的。换句话说，如果是债权融资，债权人在成功条件下得到的报酬 D 是外生的；如果是股权融资，则股东得到的股权比例 $1-\theta$ 为外生给定的。这一假定背后的现实基础是存在一个高度竞争的资本市场，竞争使得单位投资的回报率趋同。另外，就本章要讨论的证券设计问题来看，我们主要是考虑向投资者分配利润的方式将会给投资者以及企业家的行为带来什么样的影响，所以，我们可以不考虑分配数量多少的问题。

假定企业的利润水平 Π 难以被第三方所验证，尽管外部投资者可以推测。这说明企业家具有事后的私人信息。因此，在投资者和企业家之间就会存在道德风险问题：企业家可以向外部投资者谎报利润水平。在项目只有一期的情况下，投资者为解决这一道德风险问题，最好的办法就是掌握包括审计等在内的控制权。这实际上也是现实融资活动的主要特点。我们假设如果投资者通过掌握控制权对企业的控制权力有 α（相应的，企业家这时对企业项目经营的控制权力为 $1-\alpha$），就可以把自己成功条件下得到回报 Π_L 中的 α 部分变成可以验证的权益，即投资者的可承兑的收入。但投资者对于控制权的使用也是有成本的。对此，我们假定投资者使用控制权的成本函数为 $c_2\alpha^2$。

对于企业家来说，掌握一定的控制权就会给他带来一定的私人收益。显然，其他条件不变，控制权越大，所带来的私人收益就越大。因此，我们有下述的私人收益函数：

$$R_E = (1-a)r_E \tag{3—1}$$

上式中，R_E 表示企业家掌握一定控制权后得到的总的私人收益；r_E 表示单位控制权私人收益。

对于单位控制权收益，我们可以假定企业家越努力工作，其单位控制权所带来的私人收益就越低。其背后反应的直观是，企业家越是努力工作，就越会把手中的控制权用在提高项目的利润水平上面，而不是用来牟取私利。如果我们用 $e \in$（0，1）表示企业家的努力程度，单位私人收益可以表示为：

$$r_E = r(1-e) \tag{3—2}$$

其中 r 表示企业家努力程度为 0 时得到的单位私人收益。为保证企业家追求项目的成功是社会最优，我们假定 $r < \Pi$。

这样，当企业家拥有的控制权为 $1-\alpha$、努力程度为 e 时，企业家得到总的私人收益为：

$$R_E = r(1-\alpha)(1-e) \tag{3—3}$$

进一步，假定项目成功的概率 p 随企业家努力程度 e 的提高而提高。为简单起见，我们假定 $p = e$，企业家的努力成本为 $c_1 e^2$。

融资方式：
投资者回报（外生）
以及控制权安排 α

企业家选择
努力水平 e

利润水平：
成功（概率为
e）：Π；失败（概
率为 $1-e$）：Φ

投资者按
照所掌握
的控制权
进行审计

利润分配：
投资者：$E\Pi_E$
企业家：$E\Pi_L$

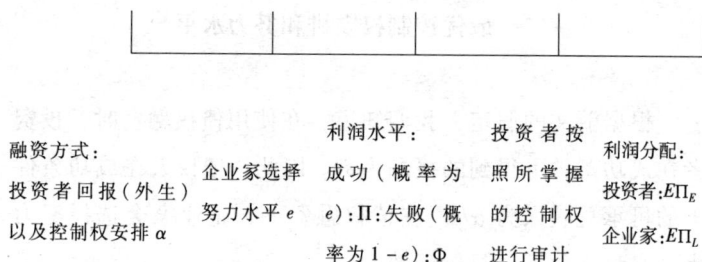

图 3—1 控制权分配下的融资博弈

根据上述可以知道，成功条件下，企业家得到的货币报酬为企业的利润减去投资者的可承兑收入，$\Pi - \alpha\Pi_L$；在失败条件下的货币报酬为 0。无论成功失败，只要企业家掌握一定的控制权就会得到一定的控制权收益 R_E。因此，企业家进行项目经营活动可以得到的预期报酬为：

$$E\Pi_E = e(\Pi - \alpha\Pi_L) + r(1-\alpha)(1-e) - c_1 e^2 \qquad (3\text{—}4)$$

对于投资者来说，在成功条件下，他得到的是与他掌握的控制权相适应的可承兑收入：$\alpha\Pi_L$；项目失败，他得到的收入为零。因此，投资者参与融资博弈的预期报酬为：

$$E\Pi_L = e\alpha\Pi_L - c_2\alpha^2 - I \qquad (3\text{—}5)$$

实际上，整个融资博弈可以看成是一个两阶段的博弈：投资者首先选择控制权的分配，然后企业家选择努力水平，最终是利润的实现。具体过程如图 3—1 所示。

二　最优控制权安排和努力水平

根据前文的假定,我们知道,在使用债权融资时,投资者在成功条件下得到的报酬为 D。因此,债权人在成功条件下的可承兑收入为 αD。在债权融资下,企业家会选择努力水平来最大化下述目标函数:

$$\max_{\{e\}} e(\Pi - \alpha D) + r(1 - \alpha)(1 - e) - c_1 e^2 \qquad (3\text{—}6)$$

求目标函数关于 e 的一阶导数,有:

$$\frac{\partial V}{\partial e} = \Pi - \alpha D - r(1 - \alpha) - 2c_1 e = 0$$

所以,该最大化问题的一阶条件,为[1]:

$$\Pi - \alpha D - r(1 - \alpha) = 2c_1 e \qquad (3\text{—}7)$$

(3—7)式的右边是企业家努力的边际成本,左边则是企业家努力的边际收益。注意,该边际收益是由两部分组成:$\Pi - \alpha D$ 和 $-r(1 - \alpha)$。$\Pi - \alpha D$ 表示在投资者的控制权为 α 的条件下,企业家努力的边际货币回报;$-r(1 - \alpha)$ 则表示在控制权为 α 条件下,企业家努力的**边际私人收益**

---

[1]　注意,因为 $c_1 > 0$,所以二阶条件也得到满足。

损失。因此，我们可以发现企业家努力的边际收益实际上等于边际货币回报和边际私人收益损失之和。

投资者提高 1 单位控制权所带来的可承兑收入的增加量为 D，相应的，企业家努力的边际货币回报会减少 D；同时，企业家努力的边际私人收益却会增加 r（准确地说，应是企业家努力的边际私人收益损失会减少 r）。由于控制权的提高将增加投资者的可承兑收入，所以，我们把 D 称为债权融资下控制权安排的承兑效应。相应的，因为控制权的提高会增加企业家努力的边际收益，会激励企业家努力工作，所以我们可以把 r 看成是债权融资下控制权安排的**激励效应**。

进一步，我们可以得到最优的努力水平函数：

$$e = \frac{\Pi - r}{2c_1} - \frac{D - r}{2c_1}\alpha \qquad (3\text{—}8)$$

观察企业家的上述努力函数，可以发现一个比较有趣的现象：企业家的最优努力水平和投资者的控制权力之间的关系需要依赖债权回报 D 和私人收益系数 r 之间的关系。如果 $D > r$，则企业家的努力水平随着投资者控制权提高而下降；如果 $D < r$，则企业家的努力水平随着投资者控制权提高而提高。

为什么会出现这一情况呢？实际上，如我们前面的分析，在债权融资下，债权的回报实际上代表了控制权安排的承兑效应；而企业家的私人收益系数则代表了控制权安排的激励效应。当 $D > r$ 时，也就是说，当承兑效应大于激励效应时,就意味着投资者提高控制权会使得企业家努力所带来的边际货币收入会小于边际私人收益的增加,因此,这时企业家就会不努力工作,而是去寻求私人收益。相反,如果承兑效应小于激励效应,即 $D < r$,则这时投资者增加控制权会使得企业家努力的边际货币收益大于边际私人收益的增加,因此,企业家就会克服私人收益的诱惑,提高努力水平。

这表明,投资者对于企业家努力水平的影响要取决于控制权承兑作用和激励作用的大小。

给定企业家的这一努力函数,我们再来看投资者对于控制权分配的要求。在债权融资条件下,投资者需要掌握控制权来最大化下述目标函数:

$$\max_{\{\alpha\}} e\alpha D - c_2\alpha^2 - I \tag{3—9}$$

首先把 $e = \dfrac{\Pi - r}{2c_1} - \dfrac{D - r}{2c_1}\alpha$ 代入上述目标函数,有:

$$V = \frac{D(\Pi - r)}{2c_1}\alpha - \frac{D^2 - Dr}{2c_1}\alpha^2 - c_2\alpha^2 - I$$

求关于 α 的一阶条件,有:

$$\frac{\partial V}{\partial \alpha} = \frac{D(\Pi - r)}{2c_1} - \alpha\frac{D^2 - Dr}{c_1} - 2c_2\alpha = 0$$

由此可以得到:

$$\alpha^* = \frac{D(\Pi - r)}{2D^2 - 2Dr + 4c_1 c_2} \tag{3—10}$$

相应的，此时企业家的最优努力水平为：

$$e^* = \frac{\Pi - r}{2c_1} - \frac{D - r}{2c_1} \frac{D(\Pi - r)}{2D^2 - 2Dr + 4c_1 c_2}$$

$$= \frac{(\Pi - r)\left[D^2 - Dr + 4c_1 c_2\right]}{4c_1\left(D^2 - Dr + 2c_1 c_2\right)} \tag{3—11}$$

因为 $\alpha \in (0, 1)$，$e \in (0, 1)$，所以，我们要求各参数使得下面两个不等式成立：

$$0 < D(\Pi - r) < 2D^2 - 2Dr + 4c_1 c_2 \tag{3—12}$$

$$0 < (\Pi - r)\left[D^2 - Dr + 4c_1 c_2\right] < 4c_1\left(D^2 - Dr + 2c_1 c_2\right) \tag{3—13}$$

三　比较静态分析

为了取得对最优控制权安排和最优努力水平性质的认识，我们对上面得到的最优控制权安排和最优努力水平进行静态比较分析。

我们首先来考察项目成功条件下的利润水平 Π 的变化对于最优控制权安排和最优努力水平的影响。为此，我们计算：

$$\frac{\partial \alpha^*}{\partial \Pi} = \frac{D}{2D^2 - 2Dr + 4c_1c_2} > 0 \qquad (3-14)$$

$$\frac{\partial e^*}{\partial \Pi} = \frac{D^2 - Dr + 4c_1c_2}{D^2 - Dr + 2c_1c_2} > 0 \qquad (3-15)$$

对此，我们有下述定理：

定理 3—1：企业家的最优努力水平和投资者的最优控制权都会随着成功条件下的利润水平的提高而增加。

这一定理表明，成功条件下的利润水平提高时，债权人会要求得到更多的控制权，而企业家也会更加努力工作。我们很容易理解利润水平较高时企业家会努力工作这一点，因为这时不努力所带来的私人收益就会相对下降，努力带来的净收益会增加。但为什么这会使债权人索要更多的控制权却颇有玩味之处，因为在"钱景"看好时，债权人似乎不需要太多的控制权。实际上，这一结论背后反应的直观是：投资者提高控制权虽然会让企业家的货币收入减少，但在利润水平较高的条件下，企业家仍然会提高努力水平，这就会提高项目成功的概率。从而使得投资者的预期可承兑收入 $e\alpha D$ 提高。这表明，随着利润水平的提高，企业家也会容许投资者的可承兑收入提高。

下面我们来看一下，如果债权人的回报 D 提高会对最优的控制权安排和努力水平有什么样的影响。为此，进行下述计算：

$$\frac{\partial \alpha^*}{\partial D} = \frac{(\Pi - r)}{2D^2 - 2Dr + 4c_1c_2} - \frac{D(\Pi - r)}{\left(2D^2 - 2Dr + 4c_1c_2\right)^2}(4D - 2r)$$

$$= \frac{(\Pi - r)(4c_1c_2 - 2D^2)}{\left(D^2 - Dr + 4c_1c_2\right)^2} \qquad (3\text{—}16)$$

因此，当 $D^2 < 2c_1c_2$ 时，有：

$$\frac{\partial \alpha^*}{\partial D} > 0;$$

否则，有：

$$\frac{\partial \alpha^*}{\partial D} < 0。$$

所以，我们有下述定理：

定理 3—2：当债务回报停留在一个较低的水平上时 ($D^2 < 2c_1c_2$)，投资者对控制权的要求会随着债权回报的提高而提高。而当债务回报维持在一个较高的水平上时 ($D^2 > 2c_1c_2$)，投资者对控制权的要求会随着债权回报的提高而降低。

上述定理告诉我们，随着债权回报的提高，控制权对于投资者来说并不是多多益善。如果只考虑可承兑回报 αD 的高低，显然，债权回报 D 越高，增加控制权对投资者越有利。但是，增加控制权不仅会使投资者付出更多的控制成本，也使得企业家努力的边际货币回报降低，从而降低努力水平。这使得项目成功的可能性会降低，从而导致投资者预期的可承兑收入 $e\alpha D$ 降低。当债务回报停留在一个较低的水平上，投资者对控制权要求的提高不会使企业家的收入降低太多，也不会使自己行使控制权的成本有很大的提高，因此，这时随债务回报的提高来提高控制权是有利可图的。而当债务回报很高时，提高控制权就会使得企业家的货币回报有很大的降低，使得企业家努力水平大大下降，以致项目成功的可能性降低，使得投资者的预期可承兑收入下降。

下面我们看债务变动对于努力的影响。经计算，有：

$$\frac{\partial e^*}{\partial D} = -(2D - r)\frac{(\Pi - r)}{2c_1}\frac{c_1 c_2}{(D^2 - Dr + 4c_1 c_2)^2} \qquad (3\text{—}17)$$

所以，当 $2D > r$ 时，有：

$$\frac{\partial e^*}{\partial D} < 0;$$

否则，有：

$$\frac{\partial e^*}{\partial D} > 0。$$

因此，我们有下述定理：

定理 3—3：在债权回报很高时（$2D > r$），随着债权回

报 D 提高，企业家的最优努力水平会下降；而当债权回报较低时（$2D < r$），随着债权回报 D 提高，企业家最优努力水平会提高。

上述的定理很直观：当债权回报较高时，进一步提高债权回报，就会降低企业家努力的边际货币回报，因此，企业家将选择降低努力水平。而当债权回报较低，甚至不到企业家私人收益的一半时，债权回报 D 的提高会鼓励投资者增加控制权，这样就会降低企业家的私人收益，使得企业家有积极性去增加努力水平。

下面我们来考察企业家私人收益系数 r 发生变化对于控制权分配和企业家努力程度的影响。为此，我们计算：

$$\frac{\partial \alpha^*}{\partial r} = \frac{-D}{2D^2 - 2Dr + 4c_1 c_2} - \frac{D(\Pi - r)}{(2D^2 - 2Dr + 4c_1 c_2)^2}(-2D)$$

$$= \frac{2D(\Pi - D - 2c_1 c_2)}{(2D^2 - 2Dr + 4c_1 c_2)^2} \tag{3—18}$$

所以，当 $\Pi > D + 2c_1 c_2$，有：

$$\frac{\partial \alpha^*}{\partial r} > 0;$$

否则,有:

$$\frac{\partial \alpha^*}{\partial r} < 0。$$

所以，我们有下述定理：

定理3—4：**当企业的利润水平很高时（满足 $\Pi > D + 2c_1c_2$），随着企业家私人收益系数的提高，投资者会要求得到更多的控制权；当企业的利润水平较低时（满足 $\Pi < D + 2c_1c_2$），随着企业家私人收益系数的提高，投资者将减少对控制权的要求。**

上述定理背后的含义是，在企业利润水平很高时，如果企业家抵挡不住逐渐提高的私人收益诱惑，降低努力水平，就会使项目失败的可能性提高，为了避免这一点，投资者可以提高控制权，使得企业家的私人收益降低，这样，企业家就会提高努力水平，增加项目成功的可能性。而在企业利润水平较低时，为了冲抵私人收益提高对企业家的诱惑，这时投资者通过减少控制权的要求来降低自己的可承兑收入，增加企业家的努力的边际货币收入，使得企业家来提高努力水平。

下面计算 r 对努力的影响。

$$\frac{\partial e^*}{\partial r} = \frac{1}{4c_1}\left[-\frac{D(\Pi - r)}{D^2 + Dr + 2c_1c_2} - \frac{D^2 - Dr + 4c_1c_2}{D^2 - Dr + 2c_1c_2} + \frac{D(\Pi - r)\left[D^2 - Dr + 4c_1c_2\right]}{(D^2 - Dr + 2c_1c_2)^2}\right]$$

$$= -\frac{D^2(D-r)^2 - 2c_1c_2 D(\Pi - D - 2(D-r)) + 8c_1^2c_2^2}{4c_1(D^2 - Dr + 2c_1c_2)^2}$$

$$= -\frac{(D(D-r)+2c_1c_2)^2+2c_1c_2(2c_1c_2+D^2-D\Pi)}{4c_1(D^2-Dr+2c_1c_2)^2}$$

$$(3—19)$$

所以，当 $2c_1c_2+D^2-D\Pi>0$，或 $\Pi-D<\dfrac{2c_1c_2}{D}$，有：

$$\frac{\partial e^*}{\partial r}<0;$$

当 $2c_1c_2+D^2-D\Pi<0$，有：

$$\frac{\partial e^*}{\partial r}\begin{cases}<0, 若\ r\in\Omega\\[2mm]>0, 若\ r\notin\Omega\end{cases}$$

其中：

$$\Omega\triangle\left[\left(\frac{D^3+D(2c_1c_2-\sqrt{2c_1c_1}\sqrt{-D^2+D\Pi-2c_1c_2})}{D^2}\right.\right.,$$

$$\left.\left.\frac{D^3+D(2c_1c_2+\sqrt{2c_1c_1}\sqrt{-D^2+D\Pi-2c_1c_2})}{D^2}\right)\right]$$

总结上述计算结果，我们有下述定理：

定理 3—5：在企业利润和债权回报之间的差距较少时

（$\Pi - D < \dfrac{2c_1 c_2}{D}$），或者是二者之间的差距较大（$\Pi - D >$ $\dfrac{2c_1 c_2}{D}$），但私人收益系数处在特定的范围内（$r \in \Omega$），随着企业家的私人收益的提高，企业家的努力程度会下降；当企业利润和债权回报之间的差距较大，且私人收益系数要么较高要么很低的情况下（$r \notin \Omega$），随着私人收益的提高，企业家将会提高努力水平。

上述定理首先表明，当债权回报占据了大部分利润后，随着企业家私人利益的提高，企业家将会把精力用来获取私人收益，而不是努力提高项目成功的可能性。

其次，即使企业利润和债权回报有一定的差距，但如果私人收益系数处在特定范围内，该范围使得控制权分配的承兑作用和激励作用差距不是很大，则随着私人收益的提高，企业家会去追求私人收益，而降低努力水平。

再次，只有在企业利润和债权有一定差距时，如果私人收益系数很小，这使得企业家努力的边际货币收益相对很大，因此，会激励企业家提高努力水平；如果私人收益系数很高，根据定理3—4可以知道，这时投资者会增加控制权，从而使得企业家私人收益下降，货币收入相对上升。这样就使得企业家提高努力水平。

下面，我们来看考察企业家的努力成本系数和投资者控制权使用成本系数对于均衡结果的影响。

$$\frac{\partial \alpha^*}{\partial c_1} = -\frac{D(\Pi - r)}{(2D^2 - 2Dr + 4c_1 c_2)^2} 4c_2 < 0 \qquad (3—20)$$

$$\frac{\partial \alpha^*}{\partial c_2} = -\frac{D(\Pi - r)}{(2D^2 - 2Dr + 4c_1 c_2)^2} 4c_1 < 0 \qquad (3-21)$$

$$\frac{\partial e^*}{\partial c_1} = -\frac{(\Pi - r)c_2}{c_1(D^2 - Dr + 2c_1 c_2)} - \frac{(\Pi - r)c_2(D^2 - Dr + 4c_1 c_2)}{2c_1(D^2 - Dr + 2c_1 c_2)^2}$$

$$\qquad - \frac{(\Pi - r)(D^2 - Dr + 4c_1 c_2)}{4c_1^2(D^2 - Dr + 2c_1 c_2)}$$

$$\qquad = -\frac{(\Pi - r)\left[(D(D - r) + 2c_1 c_2)^2 + 4c_1^2 c_2^2\right]}{4c_1^2(D^2 - Dr + 2c_1 c_2)} < 0$$

$$\qquad\qquad\qquad\qquad\qquad\qquad\qquad\qquad (3-22)$$

$$\frac{\partial e^*}{\partial c_2} = -\frac{D + r}{2c_1}\frac{\partial \alpha^*}{\partial c_2} > 0 \qquad (3-23)$$

所以，我们有下述定理：

定理 3—6：当企业家的努力成本系数上升时，企业家的努力水平下降，投资者对控制权的要求会下降；当投资者的控制成本系数上升时，投资者对于控制权的要求会下降，而企业家的努力水平会上升。

上述定理中，我们比较感兴趣的是，为什么企业家努力成本系数上升时，投资者对控制权的要求会下降呢？这是因为，当企业家的努力成本系数上升时，企业家就会更加不努力，这样可以通过提高私人收益和减少努力成本来增加收入。这显然对投资者来说是不利的，为了让企业家努力工作，就需要提高其货币收入。为此，投资者通过出让控制权，降低自己的可承兑收入，使得企业家的货币收入提高。这时企业家的努力水平就不会下降太多。

当投资者的控制成本系数上升时，投资者减少对控制权的要求就会通过降低控制权使用成本来提高自己的预期收入。对于企业家来说，他这时因投资者可承兑收入的降低而使得自己的货币收入提高，因此他有积极性来增加努力水平。

第三节　股权融资下的控制权安排

一　建　模

根据我们的假定，当使用股权融资时，投资者得到的股权比例为 $(1-\theta)$。需要注意的是，在现实生活中，我们往往把股权比例 $(1-\theta)$ 的高低看成是实际控制的程度。实际上，这种认识存在一定误区，毕竟有些股东只要持有很少的比例就可以掌控整个公司。因此，实际上股权和实际控制权并不是同一个概念，在数量上更不存在一一对应的关系。现实生活中公司章程对各方的权利义务的分配才是对各方实际控制权的真实反映。所以，我们需要有一个独立变量 α 来描述投资者对企业经营活动的实际控制权力。

正如债权融资下控制权对于投资者的作用一样，股东借助于控制权来保证自己的回报收入成为可承兑收入。对于企业家来说，他可以运用控制权来获得私人收益。所以，这时，企业家参与融资博弈的预期报酬为：

$$E\Pi_E = e[\Pi - \alpha(1-\theta)\Pi] + r(1-\alpha)(1-e) - c_1 e^2$$

$$(3-24)$$

股东的预期报酬为：

$$E\Pi_L = e\alpha(1-\theta)\Pi + (1-e)\Phi - c_2\alpha^2 - I \qquad (3-25)$$

股权的具体融资博弈过程和债权融资博弈一样：股东决定自己得到控制权的比例，然后企业家决定努力程度，最终是博弈结果。所以，图3—1也可以用来描述这里的股权融资博弈。

二 求 解

如上所述，这是一个典型的二阶段博弈。所以，遵循逆向归纳法，我们首先来考察企业家的努力选择：

$$\max_{\{e\}} e[\Pi - \alpha(1-\theta)\Pi] + r(1-\alpha)(1-e) - c_1 e^2$$

$$(3-26)$$

求目标函数关于 e 的一阶导数，有：

$$\frac{\partial V}{\partial e} = [1-\alpha(1-\theta)]\Pi - r(1-\alpha) - 2c_1 e$$

因此,我们有此问题的一阶条件:

$$[1 - \alpha(1 - \theta)]\Pi - r(1 - \alpha) = 2c_1 e \qquad (3—27)$$

上式的右边表示企业家努力的边际成本,左边表示企业家努力的边际收益。该边际收益是由两部分组成:一是由于努力的提高所带来的货币收入的增加量$[1 - \alpha(1 - \theta)]\Pi$,另一部分则是由于努力的增加所导致的私人收益的减少$-r(1 - \alpha)$。

显然,货币收入增加量的高低以及私人收益损失的多少都取决于控制权在企业家和投资者之间的分配。由于提高投资者的控制权会通过增加股东的可承兑收入来相应减少企业家努力的货币收入增量,因此投资者增加一单位控制权导致的企业家努力的边际货币收入变化量$(1 - \theta)\Pi$,可以称为股权融资下控制权安排的**承兑效应**。同时,提高投资者的控制权,会使得企业家掌握的控制权减少,这使得企业家增加努力所导致的私人收益的亏损会减少,从而起到激励经理努力的作用。所以,投资者增加一单位控制权所导致的企业家努力的边际私人收益亏损的减少量r,可以称为控制权安排的**激励效应**。

和债权融资下控制权安排的承兑效应相比,可以发现股权融资的承兑效应随着企业的利润水平Π的提高而放大,债权融资的承兑效应和利润水平没有关系。

因为该最优化问题的二阶条件显然满足,所以,满足上述一阶条件的努力水平就是企业家的最优努力水平。也就是说,企业家的最优努力水平要使得在此努力水平下,企业家得到的货币报酬能够弥补努力成本和因努力所带来的控制权损失。

具体的，该努力水平为：

$$e = \frac{\Pi - r}{2c_1} - \frac{(1-\theta)\Pi - r}{2c_1}\alpha \tag{3—28}$$

观察上述最优努力水平函数，我们可以发现，努力水平和投资者控制权力 α 的相互关系依赖于控制权安排的承兑效应 $(1-\theta)\Pi$ 和激励效应 r 的大小。当承兑效应大于激励效应时，就会导致企业家的努力水平随投资者的控制权力的提高而下降，当承兑效应小于激励效应时，则会使得企业家的努力水平随投资者控制权力的提高而提高。

这背后反映的直观是，当控制权安排的承兑效应大于激励效应时，随着投资者控制权的提高，企业家增加努力所带来的货币收入小于由此带来的私人收益损失，这自然会使得企业家降低努力水平。而当控制权安排的承兑效应小于激励效应时，随着投资者控制权的提高，企业家增加努力所带来的货币收入将大于由此带来的私人收益的损失，这使得企业家有积极性提高努力水平。

总结上述的讨论，我们有下述定理：

定理 3—7：股权融资下，企业家的最优努力水平和投资者的控制权力有如下关系：当控制权安排的承兑效应大于激励效应时，企业家最优努力水平随着投资者控制权力的提高而下降；在承兑效应大于激励效应时，最优努力水平随着投资者控制权力的提高而提高。

进一步，我们来看投资者对于控制权力的选择。投资者的目标函数为：

$$\max_{\{\alpha\}} e\alpha(1-\theta)\Pi - c_2\alpha^2 - I \qquad (3—29)$$

把 $e = \dfrac{\Pi - r}{2c_1} - \dfrac{(1-\theta)\ \Pi - r}{2c_1}\alpha$ 代入上式，求关于 α 的一阶导数，有：

$$\frac{\partial V}{\partial \alpha} = (1-\theta)\Pi\left[\frac{\Pi - r}{2c_1} - \frac{(1-\theta)\Pi - r}{c_1}\alpha\right] - 2c_2\alpha = 0$$

这样，我们就可以得到投资者选择控制权力的一阶条件：

$$(1-\theta)\Pi\left[\frac{\Pi - r}{2c_1} - \frac{(1-\theta)\Pi - r}{c_1}\alpha\right] = 2c_2\alpha \qquad (3—30)$$

上式的左边是投资者增加一单位控制权力所付出的边际成本。上式的右边则是增加控制权所带来的边际收益。需要注意的是，该边际收益是由两部分构成：$(1-\theta)\Pi$ 和 $\dfrac{\Pi - r}{2c_1} - \dfrac{(1-\theta)\ \Pi - r}{c_1}\alpha$。$(1-\theta)\Pi$ 表示增加控制权所带来的可承兑收入的增加量，也代表了控制权安排的承兑效应。$\dfrac{\Pi - r}{2c_1} - \dfrac{(1-\theta)\ \Pi - r}{c_1}\alpha$ 则表示增加控制权所导致项目成功概率的变化①。所以，该边际收益应是投资者增加控制权所带来的边际预期收益。

进一步，根据前面的假设，知道项目成功的概率在数量上等同于企业家的努力程度。由前述的定理3—6可以知道，企业家努力水平的变换要视控制权安排的承兑效应和激励效应的大小而定。所以，投资者的预期边际收益的增加也要取决于控制权的承兑效应和激励效应之间的关系。

具体的，当承兑效应 $(1-\theta)\Pi$ 大于激励效应 r 时，投资者提高控制权会因降低企业家的努力水平而使得预期边际收益下降；而当承兑效应 $(1-\theta)\Pi$ 小于激励效应 r 时，投资者提高控制权会因鼓励企业家努力工作而使得预期边际收益上升。

显然，上述最大化问题的二阶条件也满足。这样，我们可以得到，投资者的最优控制程度为：

$$\alpha^* = \frac{(1-\theta)\Pi(\Pi-r)}{2(1-\theta)^2\Pi^2 - 2(1-\theta)\Pi r + 4c_1c_2} \qquad (3-31)$$

进一步，我们可以得到企业家的最优努力水平为：

$$
\begin{aligned}
e^* &= \frac{\Pi-r}{2c_1} - \frac{(1-\theta)\Pi-r}{2c_1} \cdot \frac{(1-\theta)\Pi(\Pi-r)}{2(1-\theta)^2\Pi^2 - 2(1-\theta)\Pi r + 4c_1c_2} \\
&= \frac{(\Pi-r)\left[(1-\theta)^2\Pi^2 - (1-\theta)\Pi r + 4c_1c_2\right]}{4c_1\left[(1-\theta)^2\Pi^2 - (1-\theta)\Pi r + 2c_1c_2\right]}
\end{aligned}
$$

$$(3-32)$$

---

① 根据我们前面的假设，成功概率决定努力程度，并在数量上保持相等，即 $p = e$。

三　比较静态分析

下面，我们来考察各个参数的变化对均衡结果的影响。首先，我们看一下成功条件下的利润水平 Π 的变化对于均衡结果的影响：

$$\frac{\partial \alpha^*}{\partial \Pi} = \frac{-(1-\theta)\left[\theta(1-\theta)\Pi^2 r + 2c_2 c_2(2\Pi - r)\right]}{2\left[((1-\theta)\Pi - r)(1-\theta)\Pi + 2c_1 c_2\right]^2} < 0$$

$$(3\text{—}33)$$

$$\frac{\partial e^*}{\partial \Pi} = \frac{1}{2c_1} - \left[\frac{1-\theta}{2c_1}\alpha^* + \frac{(1-\theta)\Pi - r}{2c_1}\frac{\partial \alpha^*}{\partial \Pi}\right] \qquad (3\text{—}34)$$

当 $(1-\theta)\Pi > r$ 时，有：

$$\frac{\partial e^*}{\partial \Pi} > 0;$$

当 $(1-\theta)\Pi < r$，且 c_1 足够大，使得 $(1-\theta)\alpha + \left[(1-\theta)\Pi - r\right]\frac{\partial \alpha^*}{\partial \Pi} < 1$ 时，有：

$$\frac{\partial e^*}{\partial \Pi} < 0。$$

所以，我们有下述定理：

　　定理3—8：当成功条件下的利润水平提高时，股东会减少对控制权的要求；而企业家的最优努力水平在承兑效应大于激励效应时，会随着利润水平提高而提高，如果承兑效应小于效率相应，且企业家的努力成本系数很高时，则企业家的最优努力水平会随着利润水平的提高而下降。

　　这一定理背后的直观含义非常明显：在企业的"钱景"很好时，股东要减少对企业的干预，避免由此带来的企业家努力水平的下降使得项目成功的可能性也下降。对于企业家来说，如果利润水平在一个较高的水平上，使得承兑效应大于激励效应时，则随着利润水平的进一步提高，企业家得到的货币报酬将高于私人收益的损失和努力成本，因此，他会增加努力水平。如果利润水平停留在一个较低的水平上，使得承兑效应小于激励效应，且努力的成本也很高，这时，随着利润水平的提高，提高努力固然会增加货币报酬，但这一报酬将低于私人收益的损失和努力成本，所以，企业家最终将选择减少努力水平。

　　下面，我们来看一下，企业家所持有的股权提高会对投资者的控制权力和企业家的努力水平带来什么样的影响：

$$\frac{\partial \alpha^*}{\partial \theta} = -\frac{2\Pi(\Pi - r)\left[2c_1c_2 - (1-\theta)\Pi\right]}{\left(2(1-\theta)^2\Pi^2 - 2(1-\theta)\Pi r + 4c_1c_2\right)^2}$$

$$(3—35)$$

　　因此，当参数满足 $c_2 > \dfrac{(1-\theta)\Pi}{2c_1}$，有 $\dfrac{\partial \alpha^*}{\partial \theta} < 0$；否则，

$\dfrac{\partial \alpha^{*}}{\partial \theta} > 0$。

$$\frac{\partial e^{*}}{\partial \theta} = \frac{\Pi}{2c_1}\alpha^{*} - \frac{(1-\theta)\Pi - r}{2c_1}\frac{\partial \alpha^{*}}{\partial \theta} \qquad (3-36)$$

显然，当 $(1-\theta)\Pi > r$ 且 $c_2 > \dfrac{(1-\theta)\Pi}{2c_1}$ 时，或 $(1-\theta)\Pi < r$ 且 $c_2 < \dfrac{(1-\theta)\Pi}{2c_1}$，会有 $\dfrac{\partial e^{*}}{\partial \theta} > 0$。

所以，我们有下述定理：

定理 3—9：当企业家持有的股权提高时，如果投资者行使控制权的成本很高 $\left(c_2 > \dfrac{(1-\theta)\Pi}{2c_1}\right)$，则投资者将降低对控制权的要求；否则，将会提高对控制权的要求。

定理 3—10：当企业家持有的股权提高时，企业家在下述两种情况下会提高努力水平：一是控制权的承兑作用大于激励作用，并且投资者行使控制权的成本较高；二是控制权的承兑作用小于激励作用，且投资者行使控制权的成本很低时 $\left(c_2 < \dfrac{(1-\theta)\Pi}{2c_1}\right)$。

定理 3—9 表明，在企业家持有的股权上升时，尽管投资者得到的名义报酬（$(1-\theta)\Pi$）会下降，即使投资者希望通过增加控制权来提高自己的可承兑收入，他也只能在自己运用控制权成本较低的时候提出这一要求。换句话说，企业家在面对行使控制权有困难的股东时，可以在股权分配上占有很大的份额。

定理3—10表明，即使企业家持有的股权提高了，企业家也未必就会提高努力水平。企业家提高努力水平的条件是确保由此带来的货币回报高于私人收益损失和努力成本之和。因此，当控制权的承兑作用大于激励作用（保证了努力的货币回报高于私人收益损失），且投资者的干预成本较高时（投资者会减少干预），企业家也会努力工作；或者是尽管控制权的承兑作用小于激励作用（私人收益高于货币回报），但投资者会增加控制权的要求（降低了私人收益），这使得企业家不得不努力工作。

下面我们看企业家私人收益的变化对于最优控制权分配和努力水平的影响。为此，进行下述计算：

$$\frac{\partial \alpha^*}{\partial r} = \frac{\Pi(1-\theta)\left[\Pi^2\theta(1-\theta)-2c_1c_2\right]}{2\left[(1-\theta)^2\Pi^2-(1-\theta)\Pi r+2c_1c_2\right]^2} \qquad (3—37)$$

因此，如果 $\Pi^2 > \dfrac{2c_1c_2}{\theta(1-\theta)}$，则 $\dfrac{\partial \alpha^*}{\partial r} > 0$；否则，$\dfrac{\partial \alpha^*}{\partial r} < 0$。

$$\frac{\partial e^*}{\partial r} = \frac{\left[(1-\theta)^2\Pi^2-(1-\theta)\Pi r+4c_1c_2\right]\left(\theta(1-\theta)\Pi^2-2c_1c_2\right)}{4c_1\left[(1-\theta)^2\Pi^2-(1-\theta)\Pi r+2c_1c_2\right]^2}$$

$$(3—38)$$

因此，如果 $\Pi^2 > \dfrac{2c_1c_2}{\theta(1-\theta)}$，则 $\dfrac{\partial e^*}{\partial r} > 0$；否则，$\dfrac{\partial e^*}{\partial r} < 0$。

所以，我们有下述定理：

定理 3—11： 如果项目的利润水平比较高（满足 $\Pi^2 > \dfrac{2c_1 c_2}{\theta(1-\theta)}$），随着企业家私人收益的提高，投资者会增加控制权要求，同时企业家也会提高努力水平。相反，如果项目的利润水平比较低（满足 $\Pi^2 < \dfrac{2c_1 c_2}{\theta(1-\theta)}$），随着企业家私人收益的提高，投资者会减少控制权要求，企业家也会降低努力水平。

这一结论背后的直观是，随着企业家的私人收益系数的提高，企业家显然有动机降低努力水平，来寻求私人收益的增加。但这样做的后果是降低项目成功的可能性，使得预期的货币收入减少。所以，企业家需要在货币收益和私人收益之间进行权衡。在利润水平很高时，货币收益会大于私人收益，此时，企业家就会摆脱私人收益的诱惑来努力工作。否则，企业家就会降低努力水平，寻求私人收益。对投资者来说，投资者可以通过提高控制权来降低企业家的私人收益，冲抵私人收益系数提高所带来的后果。但是，投资者这样做是需要付出成本的，因此，只有在项目的利润水平较高时，企业家才会随着私人利益的提高而增加控制程度。因此，当企业利润不够高时，随着私人收益的提高，企业家本身没有积极性来努力工作，而投资者也没有积极性来提高对企业家的控制，降低企业家的私人收益，这两方面的因素结合起来，就使得企业家越发不努力工作了。

下面我们来考察企业家努力成本系数和投资者控制权成本系数的变化对于最优努力水平和最优控制权分配的影响。为此，我们进行下述计算：

$$\frac{\partial \alpha^*}{\partial c_1} < 0 \tag{3—39}$$

$$\frac{\partial \alpha^*}{\partial c_2} < 0,$$

$$\frac{\partial e^*}{\partial c_1} = \frac{c_2 \left[1 - 2(\Pi - r)\left[(1-\theta)\right]^2 \Pi^2 - (1-\theta)\Pi r + 2c_1 c_2 \right]}{c_1 \left[(1-\theta)^2 \Pi^2 - (1-\theta)\Pi r + 2c_1 c_2 \right]} < 0 \tag{3—40}$$

$$\frac{\partial e^*}{\partial c_2} = \frac{(1-\theta)\Pi - r}{2c_1} \frac{\partial \alpha^*}{\partial c_2} \begin{cases} > 0, \text{若} (1-\theta)\Pi < r \\ \\ < 0, \text{若} (1-\theta)\Pi > r \end{cases} \tag{3—41}$$

根据上述计算结果，我们有下述定理：

定理 3—12： 投资者的最优控制权力随着投资者控制权成本系数的提高而减少；随着企业家努力成本系数的上升而下降。

定理 3—13： 企业家的最优努力水平随着企业家努力成本系数的上升而下降；在承兑效应大于激励效应时，该努力水平随着控制权成本系数的上升而下降；在承兑效应小于激励效应时，随着控制权成本系数的上升而上升。

毋庸置疑，当其他条件不变时，投资者使用控制权的成本提高必然会导致投资者减少对控制权的要求。但为什么随着企业家努力成本系数的提高，投资者要减少对控制权的要求呢？这是因为当企业家的努力成本系数提高时，企业家的努力水平自然会下降。对投资者来说，这意味着预期投资收入会因成功的概率下降而减少。因此，投资者愿意通过减少控制权来减少自己的可承兑收入，增加企业家的货币收入，这样，企业家努力水平的降低就会较少，从而使得投资者的利益得到保证。

为什么企业家在投资者的控制权成本系数提高后要根据承兑效应和激励效应的大小来调整努力水平呢？这是因为，当投资者的成本系数提高后，他自然要降低对控制权的要求，这使得企业家得到的控制权提高了。因此，企业家不努力工作私人收益也会因此提高。所以，只有在承兑效应大于激励效应时，企业家才会克服私人收益的诱惑，提高努力水平。否则，企业家就会为了追求私人收益而降低努力水平。

第四节　扩展和小结

一　一个可行的扩展

本书一个可行的扩展是将投资失败下的剩余资产价值考虑进来。为了简化，本书没有考虑投资失败的情况下剩余资产的价值。实际上，将剩余资产的价值引入本模型将不会改变基本的结论，但会丰富本模型的结论，使得一些结论更接

近现实。比如，我们可以假定投资失败，投资者得到全部的
剩余资产 Φ。之所以做出这种假定是因为，若是债权融资，
则项目失败时肯定剩余资产的物权会全部转移给债权人[①]；
若是股权融资，则假定企业家持有的股权为"人身股"，它
会因为企业家被解聘而消散[②]，即此时投资者拥有全部的股
权及其相应的控制权。对于投资者来说，在成功条件下，他
得到的是与他掌握的控制权相适应的可承兑收入：$\alpha\Pi_L$；项
目失败，他得到全部剩余资产 Φ。这样，就使得投资者的预
期报酬变为：

$$E\Pi_L = e\alpha\Pi_L + (1-e)\Phi - c_2\alpha^2 - I \qquad (3\text{—}42)$$

然后把不同融资方式下的回报代入，通过求解，我们就
可以得到一些更为丰富的结论。

二　小　结

本章考虑了如何把控制权在投资者和企业家之间进行分
配。这是证券设计中的基本问题之一。在考虑控制权可以给
企业家带来私人收益的情况下，我们发现，无论是债券融资
还是股权融资，投资者对于最优控制权的要求都需要考虑控
制权分配所带来的承兑效应和激励作用。当承兑效应大于激

---

　　① 我们这里不考虑拖欠工人工资的情况，以及破产费用的支付。或者是
这些费用已在计算剩余资产价值时扣除。
　　② 这隐含地表明股权融资合约中不考虑金色降落伞等企业家对自身利益
的防护措施。

励作用时，投资者往往愿意减少对控制权的要求，以提升企业家的货币回报，鼓励企业家努力工作；而当承兑效应小于激励作用时，投资者往往增加对控制权的要求，以减少企业家的私人收益（相对提升企业家的货币回报），以此达到约束经理使其努力工作的目的。

本章通过建立一个解决融资问题和道德风险问题的控制权安排模型来最优融资结构问题。将融资对控制权安排的要求和解决道德风险问题的要求放在一个模型中来考虑，可以较好的揭示控制权安排问题中的权衡：即控制权安排既要考虑控制权的承兑效应又要考虑其激励作用。

本章的主要创新是把控制权作为一个激励手段引入完全契约中，并探讨如何将这一激励手段和货币激励手段相配合来解决激励问题。在完全契约中引入控制权是笔者吸收马斯金和梯若尔（1999a，1999b）、梯若尔（1999）文献的结果。在这一基础上，我探索了如何将这一激励手段和货币激励手段相配合来解决代理问题。

第四章 风险、努力与证券设计

本章将探讨证券设计中的一个基本问题：企业家如何选择最优的融资方式？显然，企业家应根据具体环境以及每一种融资方式的特点做出选择。因此，上述问题实际可表述为：不同的融资环境和融资方式会对证券设计产生什么影响？这显然是个大题目，对这一题目的回答构成了大部分证券设计文献。就本书来说，我们希望考察一个具体环境下的融资问题。该具体环境就是企业家多决策下的道德风险问题：即企业家在行为不可观测的条件下，同时决定如何选择风险的大小和努力的高低。

在这一具体环境中，我们发现如果风险和努力之间具有相互补充（complementarity）的关系，企业家选择既有股权融资又有债权融资的混合融资可以提高项目的预期净现值；如果风险和努力之间具有相互替代（substitute）关系，则选择单一证券融资将优于混合证券融资。

本章安排如下：第一节是多样化证券融资文献的回顾以及本书研究的多样化融资的思路；第二节讨论风险互补的情形下，企业家在不同融资方式下的最优风险水平和努力水平；第三节讨论风险替代的条件下，企业家在不同融资方式下的最优风险水平和努力水平。

第一节　简　介

一　为什么多证券融资

对于融资为什么使用多种证券这一问题，一些作者已经从不同的角度给予了回答。总结起来，主要有以下三个方面：

1. 满足投资者的多样化需求

戈登和彭那岐（1990）认识到，企业可能是为了满足投资者持有多样化证券的需要而发行多种证券。具体说，他们认为资本市场存在两类投资者：一类是"短期"投资者，另一类是"长期"投资者。所谓"短期"投资者是指那些因流动性需求而在短期内需被迫将证券资产变现的投资者；而"长期"投资者是指在短期内不存在流动性需求的投资者。因此，若长期投资者在短期内出售证券资产，也不是因流动性需求，而是因为投机性需求。可见，两类投资者对于证券特性会有大相径庭的偏好：短期投资者可能会更垂爱那些"信息强度"（Information Intensity）低的证券，而长期投资者会青睐那些"信息强度"高的产品。信息强度刻画了私人信息对于资产价值的影响程度：不受或少受私人信息影响的资产，我们称之为低信息强度资产（Low-information-intensity assets)，反之，则称为高信息强度资产（High-information-intensity assets）。就证券资产来说，债券的价值受不对称信息的影响往往较小，而股票的价值受不对称信息的影响则较大。因此，企业可以同时发行两种证券：将债券出售给短期投资者，将股票出售给长期投资者。

多样化证券的这一解释看上去合乎情理，但仍有值得质疑之处。首先，基于投资者利益的证券设计是在企业层面上来进行还是经由金融中介来进行，是一个有待讨论的问题。这是因为，人们很容易想到，企业可以向金融中介发行单一的证券，然后由金融中介向投资者设计多样化的证券。这样，既避免了企业融资所带来的利益冲突，又可以保证投资者的利益。为什么要放弃这种两全其美的办法呢？其次，金融市场上存在类似标准普尔这类评级公司，他们会把不同公司发行证券的"信息强度"进行评级。短期投资者可以借助这些评级公司的评级来回避高信息强度的证券，因此，短期投资者对"低信息强度"证券的需求并不意味着企业自身一定要发行"低信息强度"的资产。

2. 流动性管理（萨伯拉曼亚姆，1991）

不同的证券对于企业现金的流动性会有不同的影响。短期债务往往会吸涸企业的现金，降低企业的流动性。而股权一般情况下不会强制企业现金的流出，因此，不会影响企业的现金流动性。就企业的运营来说，不同阶段对于流动性的需求会有所不同：企业初建或新项目启动阶段，对流动性需要非常迫切；而在成熟平稳期，则对流动性需要就会降低。考虑到这一情况，企业就可以通过发行对流动性影响各异的证券来满足企业在不同时期对现金流的需要。

对此，梯若尔（2002）认为，流动性管理是证券设计需要考虑的一个重要方面，但其本身不足以解释证券的多样性。这是因为，仅考虑流动性的需要，人们完全可以使用一种单一的证券来代替各种对流动性要求不同的证券，这种单一的证券集各种证券对现金流的要求于一身，能够完全复制不同证券对企业现金流的影响。但现实中为什么没有这种单一证券的存在？显然，证券设计需要考虑的不仅仅是流动性管理这一个方面。

3. 利用控制权约束经理行为

迪沃旁特和梯若尔（1994）以及泰顿（1994）从控制权的角度来考察多样化证券融资的证券设计问题。从控制权角度出发，多样化证券融资问题变成下述问题：既然不同的权益者之间存在利益冲突，为什么还要把控制权交给其中一方？他们对此的回答是，这样的证券设计可以通过一个"胡萝卜加大棒"机制（a carrot-and-stick mechanism）来约束经理的行为。

具体地说，经理的福利一般来说除了有赖于货币回报外，还依赖他们在企业中的行动自由程度。换句话说，对经理行动的约束和干预将会降低经理人员的福利。因此，投资者基于掌握的控制权来对企业决策进行干预可以成为激励经理的一个手段。特别是，当企业的期间业绩表现不佳时，把控制权交给"强硬投资者"（Tough investors），当企业的期间业绩表现尚可时，把控制权交给"软弱投资者"（Soft investors），就会起到激励和约束经理的作用。所谓强硬投资者是投资者的偏好和经理的偏好鲜有重合之处，软弱投资者则是指那些和经理的利益基本一致的投资者。由于债权更类似"强硬投资者"，而股权更类似"软弱投资者"，所以，在不同的经营业绩下，将控制权交给不同的投资者，就会起到良好的激励和约束作用。出于这一目的，企业应设计不同的融资工具。

对于他们的工作，我们的质疑是，投资者的干预是否有效？这是因为，在内部人具有相关信息的情况下，控制权的拥有者虽然是名义上的权威（formal authority），但不一定是真正的权威（real authority）[①]。也就是说，在具有信息不对称的情况下，外部投资者即使拥有控制权也难以保证控制权能对经理发挥激励和约束作用。

二　本书的观点与思路

本书希望从企业家在企业经营中承担多决策的角度来考察多样化证券融资问题。在现实的企业经营中，企业家无疑是承担多种任务的：不仅需要对日常的管理工作兢兢业业，还需要对经营方式进行规划和选择。我们可以把所有的这些任务大致分为两类：一是"做正确的事"（do right thing），二是"正确地做事"（do thing right）。衡量企业家做的事情是否正确因采取的角度不同有很多方式。在本书中，我们从风险的角度来考察，并把项目的社会最优的失败可能性（或成功的可能性）视为企业家做正确的事的标准。对于企

---

①　关于名义权威和真正权威的讨论，见阿洪和梯若尔（1997）的论著。

业家"正确地做事",我们可以采用企业家的努力程度来衡量。如果企业家选择项目的失败可能性偏离社会最优的失败可能性越大,则我们可以说企业家没有做正确的事。同样,如果企业家选择的努力水平偏离社会最优的努力水平越远,则我们就可以说企业家没有正确地做事。因此,我们在本书中用风险水平来表示企业家做正确的事,用努力水平表示企业家正确地做事①。

不言而喻,企业家的风险水平("做正确的事")和努力水平("正确地做事")都会对项目的利润带来影响。对此,我们假设,在其他条件不变的情况下,企业家越努力,企业的利润水平就会越高。这一假设反映了"天道酬勤"这一朴素的观念。

对于风险水平来说,我们假定其他条件不变,企业家选择的风险水平越高(即失败的可能性越高),项目的回报率就越高。这里假定高风险高回报是因为现实的项目风险决策经常是一种不确定决策:其特点是越早决策,面对的不确定性越大,失败的可能性也就越大,但越早决策,就越有可能占据行动优势,从而一旦成功获得的回报也就越丰厚。典型的例子是研发性项目,企业家需要做的不仅是对研发进程的管理,更重要的是在不确定性的情况下,确定研发路线的方向风险。但是,越早确定研发路线,就越有可能走错方向,失败的可能性也就越大;但一旦方向对了,就会获得巨大的成功。

---

① 对于风险水平和努力水平这一解释,作者是受与台湾大学巫和懋教授交流的启发。

　　高风险带来高回报另外一个原因在于：常规的、低风险的经营模式可能难以构成进入障碍，这使得大多数企业都可以进入，从而形成竞争使得企业的利润下降。而高风险的经营模式（研发路线）则可以构成进入障碍，因此，可以通过降低竞争来提高企业利润[①]。

　　当企业融资时，由于不同的证券要求的回报方式不同，所以，不同的证券设计将影响企业家的风险水平和努力水平。因此，我们可以寻求哪种证券设计将诱致企业家选择最优的风险水平和努力水平。从机制设计的角度来看，对于给定的社会最优水平，我们可以通过设计不同的融资博弈来实施。

　　虽然风险水平和努力水平都会对企业利润做出贡献，但二者之间的关系却可以是相互替代和相互补充的。相互替代是指形成利润的过程中，风险和努力可以相互替代，极端情况下，可以二者择其一。相互补充是指在利润的形成过程中，二者缺一不可。在风险水平保持不变的情况下，提高努力水平可以提高风险水平的贡献，反过来，在努力水平保持不变的情况下，提高风险水平也可以提高努力水平的贡献。

　　无疑，企业家无论是选择努力水平还是选择风险水平都需要付出代价。对努力水平来说，努力成本随着努力水平提高而提高是显然的。但对于风险水平来说，则需要结合项目的风险性质来分析。对于上面提到的研发项目来说，可能只

　　① 竞争环境下，企业数目和企业利润之间的关系成反比的关系是产业组织中基本结论，参阅梯若尔 *Industry organization*。

需要企业家花费一个固定成本来确定风险水平,换言之,这时风险水平的选择没有可变成本。而对于另外一些项目来说,选择风险的成本会随着风险的降低而提高。当然,我们可以把前一种视为后一种的特例:风险水平的边际成本非常小。

给定企业家风险和努力两种决策之间的不同关系,我们将讨论和比较在不同的融资方式下企业家的风险水平和努力水平。结果发现,在风险与努力互补的条件下,采用多种证券融资将优于单一证券融资;而在风险和努力替代的条件下,单一证券融资将优于多种证券融资。

第二节 风险与努力的互补和多样化证券

一 建 模

企业家打算上马某项目。该项目需要投入可变资金 I。项目只进行一期,期末所产生的利润水平取决于企业家所选择行动的风险程度以及企业家的努力水平。成功条件下,项目带来的利润率为 $\Pi = \delta pe$;若失败,则项目的利润水平为 0。其中,$\delta > 1$,代表项目内在的质量;p 代表项目失败的概率,它表示项目的风险,故 $0 < p < 1$;$e > 1$ 表示企业家的努力程度。显然,$\dfrac{\partial \Pi}{\partial p} > 0, \dfrac{\partial \Pi}{\partial e} > 0$,这表明,企业家选择的努力水平以及风险水平越大,成功条件下的利润 Π 越大。同时,$\dfrac{\partial \Pi^2}{\partial p \partial e} = \dfrac{\partial \Pi^2}{\partial e \partial p} = \delta > 0$,这表明风险水平和努力水平之间是相互补充的。

　　企业家自身财富为 0，需要进行外部融资。可以选择的融资方式有纯债权融资、纯股权融资以及混合融资。如果使用纯债权融资，需要在项目成功时支付给债权人单位回报 D 才能满足债权人的参与意愿；若使用股权融资，则需要让股东持股 $1-\theta$ 才能使股东愿意提供资金。假定企业家受有限责任保护，因此，失败时，无论采用哪种融资方式，投资者得到的回报都是 0。进一步假定企业家不会从失败中得到任何好处，但也不会除了付出的成本外遭受进一步的损失（如名誉等）。因此，项目失败时，企业家的报酬也是 0。假定企业家选择努力水平的成本为 $c(e)=e^2$[①]，选择风险水平的成本为 0[②]。假定企业家风险中性，其从事创业活动得到的效用为货币报酬扣除努力成本。若用 u 表示效用，w 表示企业家的货币回报，则企业家从事创业活动得到的效用可以表示为 $u=w-c(e)$。

　　企业家的货币回报 w 是企业利润扣除投资者回报的剩余。因此，不同的融资方式给企业家带来的货币回报将有所不同。另外，由于企业家选择的风险水平和努力水平将影响企业的利润，所以，它们也会进一步影响到企业家的货币回报。因此，我们下面的考察就是在不同条件下，比较各种融资方式对企业家对于风险水平和努力水平的最优选择的影响。作为

---

　　① 注意，这里我们对努力成本函数作了简化，使得成本系数等于 1，主要是为了计算的简便，不影响结论的一般性。

　　② 如前面所表明的，选择风险会有一个固定成本，由于该固定成本总可以看成是利润的减少量，故我们这里假定风险成本等于零。需要说明的是，这样的一个假设主要是基于计算的简便。

比较的基准,我们首先来看一下理想条件下的风险水平和努
力水平选择。

二　一阶最优

所谓理想的条件主要包括下述三个方面: (1) 项目的
质量 δ 在企业家和投资者之间是共同知识; (2) 企业家所
选择的风险水平 p 和努力水平 e 可以被投资者观察到; (3)
企业最终实现的利润水平可以为第三方验证。换句话说,理
想情况消除了信息不对称。

在这种情况下,融资博弈的时序 (timing) 可用图4—1来
表示:

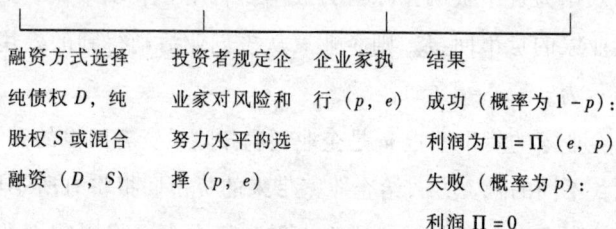

融资方式选择	投资者规定企	企业家执	结果
纯债权 D, 纯	业家对风险和	行 (p, e)	成功 (概率为 $1-p$):
股权 S 或混合	努力水平的选		利润为 $\Pi = \Pi\ (e, p)$
融资 (D, S)	择 (p, e)		失败 (概率为 p):
			利润 $\Pi = 0$

图4—1　理想情况的融资博弈

在这种理想的情况下,我们看看社会最优的风险水平和
努力水平为多少。对于社会最优的风险水平和努力水平来
说,它们应该使项目的单位投资的预期净现值最大化:即
(p, e) 应该满足下式:

$$\max_{\{p,e\}}\ (1-p)\ (\delta pe)\ -e^2 \qquad\qquad (4—1)$$

由一阶条件可以得到：

$$p^* = \frac{1}{2};$$

$$e^* = \frac{1}{2}\delta \ (1-p^*) \ p^* = \frac{1}{8}\delta$$

$$(1-p^*) \ \delta p^* e^* \approx 0.031\delta^2$$

因此，我们有下述定理：

定理4—1：社会最优的风险水平为 $p^* = \frac{1}{2}$；最优努力水平依赖于最优的风险水平 $e^* = e(p^*)$，但这种依赖具有非单调性：在 $p \in (0, \frac{1}{2})$ 时，最优努力递减；在 $p \in (\frac{1}{2}, 1)$ 时，最优努力递增。

该定理的含义是当风险很大时，伴随着风险的调高，就需要提高努力水平来保证预期收益的最大化；当风险较低时，伴随着风险的提高，可以降低努力水平来保证预期收益的最大化。造成这种非单调性的原因在于风险因素 p 不仅对于成功的概率有影响，也对成功时的利润有影响。

可以想见，无论采取何种形式的融资方式，投资者都会要求企业家选择社会最优的风险水平和努力水平。这是因为，这时企业家的行为以及企业的利润水平都是可以观察和验证的，企业家没有机会主义的空间。因此，此时无论采取什么融资合同，以及无论对利润的分配采取何种方式，都不会诱致企业家改变社会最优的选择。因此，我们有下述定理：

定理4—2：完全信息情况下，不同的证券设计将不改变企业家对风险水平和努力水平的选择。

换句话说，此时选择任何融资方式都对企业家的选择没有影响。从而，任何融资方式都不会改变企业的净现值。所以，在完全信息的情况下，我们可以得出经典的资本结构和企业价值不相关的结论。

三　行为不可观测与融资

放宽上一节的假定，我们首先会注意到现实中企业家对 (p, e) 的选择往往是不可以观察的，或无法为第三方验证的。但是，如果这时企业的利润水平还是可以观测和验证的，那么，投资者可以基于利润水平来和企业家缔约。

显然，这时缔结的融资合同其实是个激励合同：它通过不同证券设计对企业利润的分配，诱导企业家做出符合投资者利益的选择。所以，此时不同的证券设计所产生的激励效果也会不同。下面，我们将根据不同的证券设计来考察企业家的最优选择。比较哪一种证券设计下企业家的选择更接近社会最优水平。

如果把不同的证券设计理解为不同的融资博弈的话，我们面临的问题是寻求一个融资博弈能够更好的实施这一社会最优水平。显然，这些融资博弈大致可以看成是一个两阶段的融资博弈：投资者首先规定利润分配方案，然后企业家选择风险水平和努力水平，最后是项目利润水平的实现。所以，我们可以使用图4—2来表示这些融资博弈的时序：

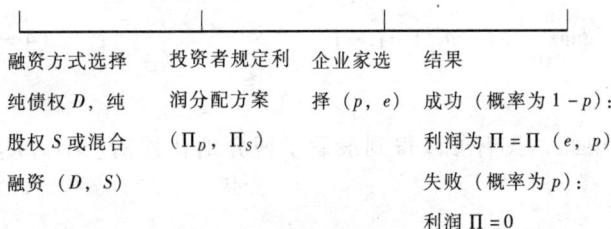

融资方式选择	投资者规定利	企业家选	结果
纯债权 D，纯	润分配方案	择 (p, e)	成功（概率为 $1-p$）：
股权 S 或混合	(Π_D, Π_S)		利润为 $\Pi = \Pi(e, p)$
融资 (D, S)			失败（概率为 p）：
			利润 $\Pi = 0$

图4—2　行动不可观测业绩可验证的融资博弈

如图4—2所示，我们可以这样来描述投资者和企业家之间的博弈过程：即投资者首先选择一个可以使预期投资收益最大的分配方案 (Π_E, Π_I)，其中 Π_E 表示企业家得到的报酬 w，Π_I 表示投资者得到的报酬，当单纯使用债权融资时，$\Pi_I = D$；单纯使用股权时，$\Pi_I = (1-\theta)\Pi$；复合融资时，$\Pi_I = D' + (1-\theta')\Pi$。如果成功条件下企业的利润没有达到 Π，合约则规定企业家的报酬为 0。在给定这一分配方案后，企业家选择恰当的风险水平和努力水平 (p, e)来最大化自己的预期收益。实际上，这是一个两阶段博弈。所以，我们可以利用逆向归纳法来求解。

首先，给定融资合约 (Π_E, Π_I)，企业家选择 (p, e)来最大化其预期收益：

$$\max_{\{p, e\}} (1-p)\,\Pi_E - c(e) \qquad (4—2)$$

由此,我们可以得到最优的 (p^*, e^*)。

然后,将此最优的风险和努力水平代入投资者的目标函数,则可求出可以使投资者预期收益最大化的分配方案,即:

$$\max_{\{(\Pi_I, \Pi_E)\}} \quad (1-p^*) \ \Pi_I - I \qquad\qquad (4\text{—}3)$$

由此,我们可以得到最后子博弈纳什均衡 $[(\Pi_E, \Pi_I),$ $(p^*, e^*)]$。

下面,我们先来求出不同融资方式的具体均衡解。然后通过这些均衡的比较说明为什么在行为不可观测而利润可以观察的情况下需要使用多种融资方式。

1. 单纯债务融资

在使用单纯债务融资下,融资博弈的第一阶段是规定投资者得到的固定回报水平 D。在给定这一回报水平,企业家选择最优的风险水平和努力水平 (p, e) 来最大化自己的预期收益。所以,由逆向归纳法,我们首先求解下式:

$$\max_{\{p, e\}} \ (1-p) \ (\delta pe - D) \ - e^2 \qquad\qquad (4\text{—}4)$$

由一阶条件可以得到:

p_d^* 满足 $p = \dfrac{1}{2} + \dfrac{1}{2} \dfrac{D}{\delta e}$

e_d^* 满足 $e = \dfrac{1}{2}\delta\,(p - p^2)$

由于债权人的回报 D 肯定是大于零的，而根据前面的假设可以知道，δ、e 均大于零，所以，和前述一阶最优的风险水平和努力水平（p^*，e^*）相比，单纯债务融资下企业家的风险水平 $p_d^* > p^*$，而最优努力水平 e_d^* 和一阶最优 e^* 的函数形式相同。所以，我们不难得出下述定理：

定理 4—3：使用纯债务融资将导致企业家选择高风险行为，虽然最优努力水平发生相应的变化，但选择努力的行为机制并没有受到扭曲。

进一步可以解得：

p_d^* 满足 $2p^3 - 3p^2 + p + \dfrac{2D}{\delta^2} = 0$

e_d^* 满足 $(2e)^3 - \delta e^2 + \dfrac{D^2}{\delta} = 0$

根据上式，我们可以求出下述比较静态结果：

$$\frac{dp_d^*}{dD} = -\frac{1}{\delta^2}\frac{1}{3\left(p - \dfrac{1}{2}\right)^2 - \dfrac{1}{4}} > 0 \tag{4—5}$$

$$\frac{dp_d^*}{d\delta} = \frac{2D}{\delta^3}\frac{1}{3\left(p - \dfrac{1}{2}\right)^2 - \dfrac{1}{4}} < 0 \tag{4—6}$$

$$\frac{de_d^*}{dD} = -\frac{D}{\delta e\left[12e-\delta\right]}\begin{cases}<0, & 若\ \delta < 12e \\ >0, & 若\ \delta > 12e\end{cases}; \qquad (4—7)$$

$$\frac{de_d^*}{d\delta} = \frac{D^2}{2e\delta^2(12e-\delta)}\begin{cases}>0, & 若\ \delta < 12e \\ <0, & 若\ \delta > 12e\end{cases}; \qquad (4—8)$$

总结上述比较静态分析结果，关于最优风险水平和努力水平，我们有下述两个定理：

定理 4—4 （债务水平和次优选择）：企业家的最优风险水平会随着债务水平的提高而提高，而最优努力水平在项目质量不够高时，会随着债务水平的提高而下降，在项目质量足够高时，会随着债务水平的提高而提高。

定理 4—5 （项目质量和次优选择）：企业家的最优风险水平会随着项目质量的提高而降低，最优努力水平在项目质量不够高时，会随着项目质量的提高而提高，而在项目质量足够高的情况下，会随着项目质量水平的提高而下降。

定理 4—4 表明企业家在面对高债务水平时，往往愿意选择高风险的行动，这是因为他只承担有限责任的缘故，即在项目失败时，他可以不用偿债。当项目质量不够高而债务水平比较高时，这意味着绝大部分的努力的结果要用来还债，即企业家通过提高努力水平所带来的收益大部分为债权人所有，所以努力水平会随着债务水平的提高而下降，即所谓的"虱子多了不咬，债多了不愁"。但是，当项目质量足够高时，即使债务水平提高，企业家也会选择努力工作。这是因为，此时努力工作所获得收益足够偿还债务，企业家的收益会提高，所以他将会提高努力水平。

定理4—5是说项目质量越好，企业家就会越小心行事，即选择低风险的行为。就努力水平来说，如果项目质量不够高时，企业家会随着项目质量的提高来提高努力水平，如果项目质量足够高时，项目质量的进一步提高将降低企业家的努力水平。换句话说，这里存在着"人事"和"天意"的互补。

给定纯债权融资下企业家的最优风险和努力水平的选择 (p_d^*, e_d^*)，投资者需要选择 D 来最大化其预期投资收益，即：

$$\max_{\{D\}} (1 - p_d^*) D - I \qquad (4—9)$$

一阶条件为：

$$(1 - p_d^*) - D \frac{\partial p_d^*}{\partial D} = 0$$

可以解出 $D \approx \frac{1}{25} \delta^2$。

进一步，可以求出：

$$p_d^* \approx \frac{11}{16} \qquad (4—10)$$

$$e_d^* \approx \frac{11}{100} \delta \qquad (4—11)$$

所以，在纯债权融资的条件下，融资博弈的子博弈精炼纳什均衡为：

$$\left(\frac{1}{25}\delta^2, \left(\frac{11}{16}, \frac{11}{100}\delta\right)\right)。$$

在这一均衡下，企业的预期利润为：

$$(1-p)\,\delta pe \approx 0.024\delta^2$$

债权人的预期回报以及企业家的预期回报分别为：

$$(1-p)D - I \approx 0.011\delta^2 - I,\ (1-p)\Pi_E - e^2 \approx 0.001\delta^2。$$

对上述均衡结果的考察，我们可以发现，纯债务融资下，企业家选择的风险水平为$\frac{11}{16}$，努力水平为$\frac{11}{100}\delta$，和社会最优的风险水平和努力水平$\left(\frac{1}{2}, \frac{1}{8}\delta\right)$相比，显然，风险水平更高了，相应的努力水平也更低了。

2. 纯股权融资的情形

在纯股权融资的条件下，融资博弈是一个二阶段的序贯博弈：第一阶段投资者来确定自己和企业家各自占有的股权比例（$(1-\theta)$，θ），其中$\theta \in (0, 1)$表示企业家占有的股权；第二阶段是给定企业家所占的股权θ的情况下，企业家选择最优的努力水平和风险水平（p_s^*，e_s^*）。遵循求解这一博弈的逆向归纳法，我们先来考察第二阶段企业家的选择。

给定所持有的股份 θ，企业家选择（p，e）最大化下述的目标函数：

$$\max_{p,e} \ (1-p) \ \theta \ (\delta pe) - e^2 \qquad (4—12)$$

由一阶条件可以得到：

$$p_s^* = \frac{1}{2} \qquad (4—13)$$

$$e_s^* = \frac{1}{2}\theta\delta \ (1-p_s^*) \ p_s^{*\alpha} = \frac{1}{8}\theta\delta$$

比较 p_s^* 和 p^*，以及 e_s^* 和 e^*，可以发现 $p_s^* = p^*$，而 $e_s^* < e^*$（因 $\theta \in$（0，1））所以，我们有下述定理：

定理 4—6：纯股权融资下，企业家选择的最优风险水平和一阶最优风险水平相同，而最优努力水平低于一阶最优努力水平。

另外，对上述的最优选择进行比较静态分析可以得到：

$$\frac{\partial p}{\partial \theta} = \frac{\partial p}{\partial \delta} = 0 \qquad (4—13)$$

$$\frac{\partial e}{\partial \theta} = \frac{1}{8}\delta > 0 \qquad (4—14)$$

$$\frac{\partial e}{\partial \delta} = \frac{1}{8}\theta > 0 \qquad\qquad (4—15)$$

所以，我们有下述定理：

定理 4—7：纯股权融资下，企业家选择风险水平不受项目质量和所持股份的影响，而努力水平的选择随着企业家持有股份的增加而提高，随着项目质量的提高而提高。

给定企业家的最优选择 $(p_s^*,\ e_s^*)$，股东选择 θ 来最大化其单位投资的回报：

$$\max_{\{\theta\}}\ \ (1 - p_s^*)\ (1 - \theta)\ \delta p_s^* e_s^* \qquad\qquad (4—16)$$

把 $p_s^* = \frac{1}{2}$，和 $e_s^* = \frac{1}{8}\theta\delta$ 代入上式，由一阶条件可得：

$$\theta = \frac{1}{2} \qquad\qquad (4—17)$$

把 $\theta = \frac{1}{2}$ 代入 $e_s^* = \frac{1}{8}\theta\delta$，有：

$$e_s^* = \frac{1}{16}\delta \qquad\qquad (4—18)$$

所以，博弈的均衡为 $\left(\frac{1}{2},\ \left(\frac{1}{2},\ \frac{1}{16}\delta\right)\right)$。

此时，企业的预期利润为：

$$(1 - p_s^*)\ \delta p_s^* e_s^* = \frac{1}{64}\delta^2 \approx 0.016\delta^2$$

比较纯股权融资下企业家的最优选择和社会最优的选择，可以发现，两种情况下风险水平相同，但股权融资下企业家的努力水平选择较社会最优的努力水平低了。原因在于此时企业家的努力所带来的边际利润需要和投资者进行分享。

3. 混合融资的情形

在混合融资条件下，首先，投资者通过选择债权融资部分的回报 D 以及所持有的股权比例 θ 来最大化其预期收益。然后，给定投资者的这一选择，企业家选择最优的风险水平和努力水平（p_{sd}^*，e_{sd}^*）来最大化其预期收益。

企业家的目标为：

$$\max_{\{p,e\}}(\theta\max\{0,(1-p)[\delta pe - D]\}) - e^2 \qquad (4\text{—}19)$$

当 $\delta pe - D > 0$ 时，解上述问题，由一阶条件可以得到：

$$e_{sd}^* = \frac{\delta}{2}\theta(1 - p_{sd}^*)p_{sd}^*$$

$$p_{sd}^* = \frac{1}{2}(1 + \frac{D}{\delta e_{sd}^*})$$

进一步，可以求得 p_{sd}^* 需满足：

$$2p_{sd}^{*3} - 3p_{sd}^{*2} + p_{sd}^* + 2\frac{D}{\theta\delta^2} = 0$$

$$8e_{sd}^{*3} - \delta\theta e_{sd}^{*2} + \frac{1}{\delta}\theta D^2 = 0$$

由此，可以解出：

$$p = \frac{1}{2} + \frac{1}{2}\omega \tag{4—20}$$

其中，

$$w = \frac{3\theta\delta^2}{\left(-26D\delta^4\theta^2 + \sqrt{3}\sqrt{\delta^8\theta^4(432D^2 - \delta^4\theta^2)}\right)^{\frac{1}{3}}}$$

$$e = \frac{1}{24}\left(\delta\theta + \frac{\delta^3\theta^2}{\overline{\omega}}\right) \tag{4—21}$$

其中，$\overline{\omega} = \left(-64D^2\delta^2\theta + \delta^6\theta^3 + 24\sqrt{3}\sqrt{432D^4\delta^4\theta^2 - D^2\delta^8\theta^4}\right)^{\frac{1}{3}}$

根据上述的计算，我们有下述比较静态分析结果：

$$\frac{\partial p_{sd}^*}{\partial D} = \frac{-2}{(6p_{sd}^{*2} - 6p_{sd}^* + 1)\theta\delta^2} > 0$$

$$\frac{\partial p_{sd}^*}{\partial \theta} = \frac{2D}{\theta^2\delta^2(6P_{sd}^{*2} - 6p_{sd}^* + 1)} < 0$$

$$\frac{\partial e_{sd}^*}{\partial D} = \frac{-\theta D}{12\delta e_{sd}^{*2} - \delta^2 \theta e_{sd}^*} < 0$$

$$\frac{\partial e_{sd}^*}{\partial \theta} = \frac{\delta e_{sd}^{*2} - D^2}{2(12\delta e_{sd}^{*2} - \delta^2 \theta e_{sd}^*)} > 0$$

总结上述比较静态分析的结果，我们可以得到下述定理：

定理4—8：在混合融资下，债务回报上升将导致企业家选择的风险水平提高，努力水平下降；股权回报减少将使得风险水平下降，努力水平提高。

给定企业家的这一选择，我们来看债权人和股东的选择。首先需要说明的是，我们假定债权人和股东同时行动，即他们在互不通信的情况下，独立决定各自索要的回报。对于债权人来说，他需要使自己单位投资的回报最大化，即：

$$\max(1 - p_{sd})D \qquad\qquad (4\text{—}22)$$

把 $p = \frac{1}{2} + \frac{1}{2}\omega$ 代入上式，并根据一阶条件可以得到：

$$1 - \omega - D\frac{\partial \omega}{\partial D} = 0$$

进一步可以得到：

$$D = \frac{1 - \omega}{\omega'}, \tag{4—23}$$

其中，$\omega' = \dfrac{\partial \omega}{\partial D}$。

同时，对于股东来说，他也需要使得自己单位投资的回报最大化，即：

$$\max_{\{\theta\}}(1 - p_{sd})(1 - \theta)(\delta pe - D) \tag{4—24}$$

根据一阶条件可以得到：

$$-\delta(p - p^2) + \delta(1 - \theta)(1 - 2p)e\frac{\partial p}{\partial \theta}$$

$$+ \delta(1 - \theta)(p - p^2)\frac{\partial e}{\partial \theta} + (1 - p)D + (1 - \theta)D\frac{\partial p}{\partial \theta} = 0$$

把此一阶条件和债权人的一阶条件联立，进行数值计算，可以得到：

$$\theta \approx \frac{1}{2} + \frac{1}{32}\delta$$

$$D = \frac{1}{32}\delta^2$$

把上述值代入 p_{sd}^* 和 e_{sd}^*，可以得到：

$$p_{sd}^* \approx \frac{11}{18} \qquad\qquad\qquad (4-25)$$

$$e_{sd}^* \approx \frac{1}{12}\delta \qquad\qquad\qquad (4-26)$$

下面，我们来比较不同融资方式下企业家的最优风险水平、努力水平以及相应的预期净现值（见表4—1）。

表4—1　　　　　　　　　不同证券设计的比较

	纯债务融资	纯股权融资	混合融资	社会最优水平
回报：	$D = \frac{1}{25}\delta^2$	$\theta_s = \frac{1}{2}$	股权回报： $\theta_{sd}^* \approx \frac{1}{2} + \frac{1}{32}\delta$ 债权回报： $D_{sd}^* = \frac{1}{32}\delta^2$	
最优风险水平	$p_d^* \approx \frac{11}{16}$	$p_s^* = \frac{1}{2}$	$p_{sd}^* \approx \frac{11}{18}$	$p^* = \frac{1}{2}$
最优努力水平	$e_d^* \approx \frac{11}{100}\delta$	$e_s^* = \frac{1}{16}\delta$	$e_{sd}^* \approx \frac{1}{12}\delta$	$e = \frac{1}{8}\delta$
预期净现值	$\Pi_d = 0.0125\delta^2$	$\Pi_s = 0.0117\delta^2$	$\Pi_{sd} = 0.0139\delta^2$	$\Pi^* = 0.0156\delta^2$

比较表4—1，我们可以发现，不同证券设计下，项目的预期净现值满足下述关系：$\Pi_s < \Pi_d < \Pi_{sd} < \Pi^*$。这表明，在企业家多决策的道德风险框架下，采用混合融资将是次优中的最好选择，债券融资次之，最后是股权融资。所以，我

们有下述定理:

定理4—9:在风险和努力具有互补关系的情况下,混合融资将优于单一证券融资。同时,单一证券融资中,债券融资将优于股权融资。

第三节　风险与努力的替代和单一证券

一　建　模

企业家打算上马某项目,该项目需要投入可变资金 I。项目只进行一期,期末所产生的利润水平取决于企业家所选择行动的风险程度以及企业家的努力水平。成功条件下,单位投资带来的回报率为 $\Pi = \alpha p + be$;若失败,则回报为 0。其中, $p \in (0, 1)$ 代表项目失败的概率,也代表了项目的风险程度[①]; $\alpha \in R^+$ 表示风险因素对于利润的贡献; $e \in (0, 1)$ 表示企业家的努力程度, $b \in R^+$ 表示努力因素对于利润的贡献。之所以假设风险因素也是企业家可以选择的,是因为我们想反映现实中风险内生的情形:即很多项目的失败是由于行为主体不够谨慎、麻痹大意所为。这样,我们就把企业家的工作分成两个维度来考虑:企业家在投资活动中不仅需要

---

① 需要说明的是,本书中的"风险"一词是指项目失败的可能性,故用事件的概率来描述。金融经济学常用的"风险"一词表示波动情况,常用方差来描述。

选择工作的努力程度，还需要考虑工作的谨慎程度。

　　或者，更广义地来看，本书中我们可以把 $1-p$ 解读为企业家"做正确的事"（do right thing）的正确程度，把 e 解读为企业家"正确地做事"（do thing right）的正确程度。根据前述本书对回报率的假设，二者在投资活动中的作用是可以相互替代的，即可以通过降低一种正确程度而增加另一种正确程度来维持回报水平不变。换句话说，企业家可以用"手"（勤劳）来弥补"脑"（判断）的不足，也可以用"脑"来弥补"手"的不足。正如俗语"勤能补拙"、"智吃于力"所表明的道理。

　　企业家自身财富为 0，需要进行外部融资。可以选择的融资方式有纯债权融资、纯股权融资，以及债权股权混合融资。如果使用纯债权融资，需要在项目成功时，向债权人支付固定的利息水平 i；若使用股权融资，则需要让渡给股东股权 $(1-\theta)$。假定企业家受有限责任保护，因此，失败时，无论采用哪种融资方式，投资者得到的回报都是 0。进一步假定企业家没有办法从项目失败中得到任何好处[1]。因此，项目失败时，企业家得到的回报也是 0。为避免企业家故意追求失败，我们假定成功时的利润水平足够高，扣除支付给投资者的回报后，企业家将得到一个正的回报水平。

　　和上一节一样，假定企业家选择风险水平的可变成本为 0，选择努力付出的可变成本为 $c(e)=c_2 e^2$。假定企业家风险中性，其从事创业活动得到的效用为货币报酬扣除努力成本。企

---

　　[1]　或者说，从失败中得到的好处会被名誉损失、内心不安等其他因素所抵消。

业家的货币回报是企业利润扣除投资者回报的剩余。因此,不同的融资方式给企业家所带来的货币回报将有所不同。

另外,由于企业家选择的风险水平和努力水平将影响项目的回报率,它们也会进一步影响到企业家的货币回报。因此,我们下面的考察就是在不同条件下,比较各种融资方式对企业家对于风险水平和努力水平的最优选择的影响。作为比较的基准,我们首先来看一下理想条件下的风险水平和努力水平选择。

二　一阶最优

所谓理想的条件主要包括下述三个方面:(1)项目的风险贡献和努力贡献(a, b)以及企业的努力成本系数 c_2 在企业家和投资者之间是共同知识;(2)企业家所选择的风险水平 p 和努力水平 e 可以被投资者观察到;(3)企业最终实现的利润水平可以为第三方验证。换句话说,理想情况消除了所有信息不对称的情况。

在这种情况下,融资博弈的时序(timing)可以用图4—3来表示:

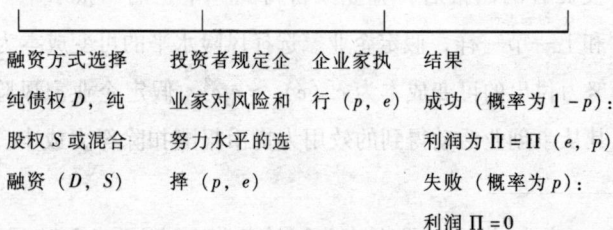

融资方式选择	投资者规定企	企业家执	结果
纯债权 D,纯	业家对风险和	行 (p, e)	成功(概率为 $1-p$):
股权 S 或混合	努力水平的选		利润为 $\Pi = \Pi$ (e, p)
融资 (D, S)	择 (p, e)		失败(概率为 p):
			利润 $\Pi = 0$

图4—3　理想情况的融资博弈

在这种理想的情况下，我们看看社会最优的风险水平和努力水平为多少。对于社会最优的风险水平和努力水平来说，它们应该使项目的预期净现值最大化，即（p，e）应该满足下式：

$$\max_{\{p,e\}}(1-p)(ap+be)-c_2e^2 \qquad (4—27)$$

可以得到下述两个一阶条件：

$$p=\frac{1}{2}-\frac{b}{2a}e;$$
$$e=\frac{b}{2c_2}-\frac{b}{2c_2}p$$

考察上述两个一阶条件，可以发现，在风险水平和努力水平可以替代的情况下，最优的风险水平和最优努力水平之间具有非常引人注目的关系，即最优风险水平会随着最优努力水平的提高而降低，而最优努力水平也会随着最优风险水平的提高而降低。因此，我们有下述定理：

定理 4—10：当企业家的风险水平和努力水平可以相互替代时，最优的风险水平会随着最优努力水平的提高而降低，最优的努力水平也会随着最优的风险水平的提高而降低。

　　最优风险水平和最优努力水平的这种相互依赖关系表明企业家"做正确的事"（低风险的事情）将会激励企业家"正确地做事"（高努力地做事），反过来，企业家"正确地做事"也会激励企业家选择"做正确的事"。其背后反映的直观是，方向的正确会鼓舞行为主体的干劲，反过来，干劲冲天也会鼓舞行为主体去选择正确的方向。

　　进一步，可以得出：

$$p^* = \frac{2ac_2 - b^2}{4ac_2 - b^2} \tag{4—28}$$

$$e^* = \frac{ab}{4ac_2 - b^2} \tag{4—29}$$

　　为检查二阶条件是否满足，我们考察目标函数的雅可比行列式，有：

$$|J| = \begin{vmatrix} V_{pp} & V_{pe} \\ V_{ep} & V_{ee} \end{vmatrix} = \begin{vmatrix} -2a & b \\ b & -2c_2 \end{vmatrix} < 0$$

　　因此，上述 p、e 的取值将保证目标函数将会有最大值。

　　下面，我们对社会最优的风险水平和努力水平进行比较静态分析。首先，我们来看一下社会最优的风险水平和努力水平与风险贡献 a 之间的关系：

$$\frac{\partial p^*}{\partial a} = \frac{2c_2}{4ac_2 - b^2} - \frac{8ac_2^2 - b^2}{(4ac_2 - b^2)^2}$$

$$= \frac{(2c_2 b^2)}{(4ac_2 - b^2)^2} > 0 \qquad (4\text{—}30)$$

$$\frac{\partial e}{\partial a} = \frac{b}{4ac_2 - b^2} - \frac{4abc_2}{(4ac_2 - b^2)^2}$$

$$= \frac{-b^3}{(4ac_2 - b^2)^2} < 0 \qquad (4\text{—}31)$$

这表明，随着风险贡献 a 提高，社会最优的决策是提高项目的风险水平，降低努力水平。这背后的直观是：其他条件不变的情况下，风险贡献的提高，就会鼓励人们降低谨慎程度以及努力水平，大胆去搏，以求最大预期回报。换句话说，如果赌一把就可能终身富贵的话，谁还愿意操劳一生呢？

$$\frac{\partial p}{\partial b} = \frac{-2b}{4ac_2 - b^2} + \frac{2b(2ac_2 - b^2)}{(4ac_2 - b^2)^2}$$

$$= \frac{4abc_2}{(4ac_2 - b^2)^2} < 0 \qquad (4\text{—}32)$$

$$\frac{\partial e}{\partial b} = \frac{a}{(4ac_2 - b^2)} + \frac{2ab^2}{(4ac_2 - b^2)^2}$$

$$= \frac{a[4ac_2 + b^2]}{(4ac_2 - b^2)^2} > 0 \qquad (4\text{—}33)$$

这表明，其他条件不变，随着企业家的努力贡献提高，社会最优的决策将是降低风险水平，提高努力水平。这背后反应的直观是，如果天道酬勤（努力的回报提高），人们就会勤恳踏实，谨慎从事。

下面，我们来看社会最优的风险水平和努力水平对于努

力成本的依赖关系。为此，进行下述计算:

$$\frac{\partial p}{\partial c_2} = \frac{2ab^2}{(4ac_2 - b^2)} < 0 \qquad (4-34)$$

$$\frac{\partial e}{\partial c_2} = -\frac{4a^2b}{(4ac_2 - b^2)^2} < 0 \qquad (4-35)$$

这一点表明，社会最优努力水平随着努力成本的提高而下降，同时，社会最优风险水平应随之提高。这所反映的直观是:如果人力难为的话，就只好听天由命了。

总结上述分析，我们有如下两个定理:

定理 4—11（社会最优风险水平的性质）:社会最优的风险水平 p^* 随着风险贡献 a 和努力成本 c_2 的提高而提高，随着努力贡献 b 的提高而降低。

定理 4—12（社会最优努力水平的性质）:社会最优的努力水平 e^* 随着努力贡献 b 的提高而提高，随着努力成本 c_2 以及风险贡献 a 的提高而降低。

另外，可以想见，无论采取何种形式的融资方式，投资者都会要求企业家选择社会最优的风险水平和努力水平。这是因为，由于这时企业家的行为以及企业的利润水平都是可以观察和检验的，企业家没有机会主义的空间。因此，此时无论采取什么融资合同，以及无论对利润的分配采取何种方式，都不会诱致企业家改变社会最优的选择。因此，

我们有下述定理:

定理4—13: 完全信息情况下, 不同的证券设计下企业家的最优风险水平和努力水平都相同。

换句话说, 此时选择任何融资方式对于企业家的选择都没有影响。从而, 任何融资方式都不会改变企业的净现值。所以, 在完全信息的情况下, 我们可以得出经典的资本结构和企业价值不相关的结论。

三　行为不可观测下的融资

放宽上一节的假定, 我们首先会注意到现实中企业家对 (p, e) 的选择往往是不可以观察的, 或无法为第三方验证。但是, 如果这时企业的利润水平还是可以观测和验证的, 那么, 投资者可以基于利润水平来和企业家缔约。

显然, 这时缔结的融资合同其实是个激励合同: 它通过不同证券下对企业利润的分配, 诱导企业家做出符合投资者利益的选择。所以, 此时不同的证券设计所产生的激励效果也会不同。下面, 我们将根据不同的证券设计来考察企业家的最优选择。比较哪一种证券设计下的企业家选择更接近社会最优水平。

此时的融资博弈的时序可以用下图来表示:

融资方式选择	投资者选择利	企业家选	结果
纯债权 D, 纯	润分配方案	择 (p, e)	成功（概率为 $1-p$）:
股权 S 或混合	(Π_D, Π_S)		利润为 $\Pi = \Pi(e, p)$
融资 (D, S)			失败（概率为 p）:
			利润 $\Pi = 0$

图 4—4　行动不可观测业绩可验证的融资博弈

如图 4—4 所示，我们可以这样来描述投资者和企业家之间的博弈过程：投资者首先选择一个可以使预期投资收益最大的分配方案 (Π_E, Π_I)，其中 Π_E 表示企业家得到的报酬，Π_I 表示投资者得到的报酬，当单纯使用债权融资时，$\Pi_I = D$；单纯使用股权时，$\Pi_I = (1-\theta)\Pi$；复合融资时，$\Pi_I = D' + (1-\theta')\Pi$。如果成功条件下企业的利润没有达到 Π，合约则规定企业家的报酬为 0。在给定这一分配方案后，企业家选择恰当的风险水平和努力水平 (p, e) 来最大化自己的预期收益。实际上，这是一个两阶段博弈。所以，我们可以利用逆向归纳法来求解。

首先，给定融资合约 (Π_E, Π_I)，企业家选择 (p, e) 来最大化其预期收益：

$$\max_{\{p,e\}}(1-p)\Pi_E - c(e) \qquad (4—36)$$

由此，我们可以得到最优的 (P^*, e^*)。

然后，将此最优的风险和努力水平代入投资者的目标函数，则可求出可以使投资者预期收益最大的分配方案，即：

$$\max_{\{\Pi_I, \Pi_E\}} (1-p^*)\Pi_I - I \qquad\qquad (4\!-\!37)$$

由此，我们可以得到最后子博弈精炼纳什均衡 $[(\Pi_E, \Pi_I),(p^*,e^*)]$。

下面，我们先来求出不同融资方式的具体均衡解。然后通过这些均衡的比较说明为什么在行为不可观测而利润可以观察的情况下需要使用多种融资方式。

1. 单纯债务融资

在使用单纯债务融资下，融资博弈的第一阶段是规定投资者的借款利率水平 i，然后，在给定这一回报水平后，企业家选择最优的风险水平和努力水平 (p, e) 来最大化自己的预期收益。所以，由逆向归纳法，我们首先求解下式：

$$\max_{\{p,e\}}(1-p)[ap+be-D]-c_2e^2 \qquad\qquad (4\!-\!38)$$

由一阶条件可以得到：

p_d^* 满足 $p = \dfrac{a+D}{2a} - \dfrac{b}{2a}e$

e_d^* 满足 $e = \dfrac{b}{2c_2} - \dfrac{b}{2c_2}p$

仔细观察一下，可以发现，纯债务融资下的努力水平对于风险水平的依赖关系和社会最优的努力水平对社会最优的风险水平依赖关系相同。这意味着，纯债务融资下，企业家选择努力水平的机制并没有被扭曲。

进一步可以解出:

$$p_d^* = \frac{2(a+D)c_2 - b^2}{4ac_2 - b^2} \qquad (4—39)$$

$$e_d^* = \frac{(a-D)b}{4ac_2 - b^2} \qquad (4—40)$$

显然,债权回报 D 是大于零的,所以,债务融资下企业家选择的风险水平和努力水平和社会最优的风险水平和努力水平 (p^*, e^*) 相比,可以发现,$p_d^* > p^*$,$e_d^* < e^*$。也就是说,债务融资下,企业家不仅会提高风险水平(更加不谨慎),也会降低努力程度。

进一步,给定企业家的最优风险水平和努力水平,我们来考察投资者如何制定其借贷的利率水平。

显然,投资者需要通过确定利率水平来确定最大化其预期投资收益。如前面的假定,如果项目成功,则利润率水平足以还债,如果项目失败,则利润率为 0。因此,投资者的预期投资收益为 $(1 - p_d^*)(D - D_0)I$,其中 D_0 表示市场利率水平,代表了投资者的机会成本。为计算简便,我们假定 $D_0 = 0$。因此,投资者将选择 D 来最大化下述目标函数:

$$\max_{\{i\}}(1 - p_d^*)DI \qquad (4—41)$$

将 (4—39) 式代入上述目标函数,一阶条件为:

$$\frac{2c_2}{4ac_2 - b^2}a = \frac{2c_2}{4ac_2 - b^2}2D$$

上述一阶条件的左边描述了投资者提高债务的利率水平所带来的边际收益。该边际收益等于因利率水平提高所造成的企业家风险水平的边际提高量 $\frac{2c_2}{4ac_2 - b^2}$ 乘以风险贡献 a。右边描述了投资者提高债务利率所发生的边际成本。该边际成本等于企业家风险水平的边际提高量乘以提高后的利率水平。因此，该一阶条件刻画了投资者提高利率水平所面临的权衡（trade-off）。

由一阶条件可以得到：

$$D = \frac{a}{2} \tag{4—42}$$

检查二阶条件可以知道，$\frac{\partial^2 V}{\partial D^2} = -2 < 0$，即，最大化的二阶条件得到满足。所以，由一阶条件确定利率水平 $D = \frac{a}{2}$ 是投资者的均衡选择。

把 $D = \frac{a}{2}$ 代入企业家选择的风险水平和努力水平，则我们可以确定纯债务融资下，最优的风险水平和努力水平分别为：

$$p_d^* = \frac{3ac_2}{4ac_2 - b^2} \tag{4—43}$$

$$e_d^* = \frac{\frac{1}{2}ab}{4ac_2 - b^2} \qquad\qquad (4—44)$$

将此结果和社会最优的风险水平和努力水平相比较,有:

$$p_d^* = \frac{3ac_2}{4ac_2 - b^2} > p^* = \frac{2ac_2 - b^2}{4ac_2 - b^2}$$

$$e_d^* = \frac{\frac{1}{2}ab}{4ac_2 - b^2} < e^* = \frac{ab}{4ac_2 - b^2}$$

所以,我们有下述定理:

定理 4—14:在纯债务融资下,企业家选择的风险水平和努力水平都会小于社会最优的风险水平和努力水平。

这一定理所反映的直观是:在企业家的努力水平依赖于所选择项目的风险水平的条件下,使用债务融资不仅会鼓励企业家采取冒险的行为,而且也会使得企业家偷懒。

2. 纯股权融资的情形

在纯股权融资的条件下,融资博弈是一个二阶段的序贯博弈:第一阶段投资者来确定自己和企业家各自占有的股权比例($(1-\theta)$, θ),其中 $\theta \in (0, 1)$ 表示企业家占有的股权;第二阶段是给定企业家所占的股权 θ 的情况下,企业家选择最优的努力水平和风险水平（p_s^*，e_s^*）。遵循求解这一博弈的逆向归纳法，我们先来考察第二阶段企业家的选择。

给定所持有的股份 θ，企业家选择（p，e）最大化下述的目标函数：

$$\max_{\{p,e\}}(1-p)\theta[ap+be]-c_2e^2 \qquad (4—45)$$

由一阶条件可以得到：

$$p=\frac{1}{2}-\frac{b}{2a}e$$

$$e=\frac{\theta b}{2c_2}(1-p)$$

观察此一阶条件，可以发现，和社会最优的风险水平以及最优的努力水平相比，股权融资下的最优风险水平对努力水平的依赖关系和社会最优的风险水平下的依赖关系是相同的。这说明，纯股权融资将不会扭曲企业家选择风险的机制。

进一步，可以求出：

$$p_s^*=\frac{2ac_2-\theta b^2}{4ac_2-\theta b^2} \qquad (4—46)$$

$$e_s^*=\frac{\theta ab}{4ac_2-\theta b^2} \qquad (4—47)$$

为了将此股权融资下的最优风险水平和最优努力水平和社会最优的风险水平 $p^* = \dfrac{2ac_2 - b^2}{4ac_2 - b^2}$ 和努力水平 $e^* = \dfrac{ab}{4ac_2 - b^2}$ 相比,我们需要知道,p_s^* 和 e_s^* 关于 θ 的导数,为此,进行下述计算:

$$\frac{\partial p_s^*}{\partial \theta} = \frac{-b^2}{4\theta ac_2 - \theta b^2} + \frac{(2ac_2 - \theta b^2)\, b^2}{(4\theta ac_2 - \theta b^2)^2}$$

$$\qquad = \frac{-2ac_2 b^2}{(4\theta ac_2 - \theta^2 b^2)^2} < 0 \qquad\qquad (4\text{—}48)$$

$$\frac{\partial e_s^*}{\partial \theta} = \frac{ab}{4ac_2 - \theta b^2} + \frac{\theta ab^3}{(4ac_2 - \theta b^2)^2}$$

$$\qquad = \frac{4a^2 bc_2}{(4ac_2 - \theta b^2)^2} > 0 \qquad\qquad (4\text{—}49)$$

所以,我们有下述结果:

$$p_s^* = \frac{2ac_2 - \theta b^2}{4ac_2 - \theta b^2} > p^* = \frac{2ac_2 - b^2}{4ac_2 - b^2}$$

$$e_s^* = \frac{\theta ab}{4ac_2 - \theta b^2} < e^* = \frac{ab}{4ac_2 - b^2}$$

这表明,无论 θ 取何值,都会有 $p_s^* < p^*$ 以及 $e_s^* < e^*$。所以,我们有下述定理:

定理 4—15:纯股权融资下,企业家选择的最优风险水平和努力水平都低于一阶最优风险水平和努力水平。

定理4—15的结论有些出乎我们的预料。这是因为，股权扭曲企业家的努力水平但不影响企业家的风险水平是我们熟知的经典结论。结合本书的假定来看，由于企业家的最优风险水平是和努力水平成正比的（干"好"事才会好好干事，越好好干事，越有动机干"好"事），所以，当股权扭曲经理努力水平时，也会影响企业家对于风险水平的选择。反过来，如债务融资所表明的那样，当风险水平被扭曲时，企业家的努力水平也会扭曲。

同时，根据式（4—48）和（4—49），我们也可以看出股权融资下，企业家的最优风险水平和努力水平随着企业家持有的股权的提高，分别会降低和提高。所以，我们有下述定理：

定理4—16：纯股权融资，企业家选择的风险水平随着企业家所持有的股权的提高而降低；选择的努力水平随着企业家持有的股权的提高而提高。

定理4—16中，引人注目的是随着股权比例的提高，企业家的风险水平也会得到改善。原因在于，当企业家持有的股权提高时，他从风险贡献中得到报酬也在提高。

给定企业家的这一选择，投资者需要决定θ的大小。当投资者以股权的形式来投资时，其目标函数为：

$$\max_{\{\theta\}}(1-\theta)(1-p)\left[ap+be\right] \qquad (4-50)$$

定义值函数 $V = (1-\theta)(1-p)[ap+be]$,

则: $\dfrac{\partial V}{\partial \theta} = -[a(p-p^2) + b(1-p)e] + (1-\theta)$

$\left[a(1-2p)\dfrac{\partial p}{\partial \theta} - be\dfrac{\partial p}{\partial \theta} + b(1-p)\dfrac{\partial e}{\partial \theta} \right]$

把: $p_s^* = \dfrac{2ac_2 - \theta b^2}{4ac_2 - \theta b^2}$,

$e_s^* = \dfrac{\theta ab}{4ac_2 - \theta b^2}$,

$\dfrac{\partial p_s^*}{\partial \theta} = \dfrac{-2ac_2 b^2}{(4ac_2 - \theta^2 b^2)^2}$,

$\dfrac{\partial e_s^*}{\partial \theta} = \dfrac{4a^2 bc_2}{(4ac_2 - \theta b^2)^2}$

代入上述一阶导数,可以计算出,

$a(p-p^2) + b(1-p)e = \dfrac{4a^3 c_2^2}{[4ac_2 - \theta b^2]^2}$

$a(1-2p)\dfrac{\partial p}{\partial \theta} - be\dfrac{\partial p}{\partial \theta} + b(1-p)\dfrac{\partial e}{\partial \theta} = \dfrac{8a^3 b^2 c_2^2}{[4ac_2 - \theta b^2]^3}$

代入 $\dfrac{\partial V}{\partial \theta} = 0$,可以得到:

$2(1-\theta)b^2 = 4ac_2 - \theta b^2$

由此,可以发现最优的 θ_s^* 满足下式:

$$\theta = \frac{2b^2 - 4ac_2}{b^2} \tag{4—51}$$

考察这一最优的股权,可以发现,企业家持有的股权和努力的贡献 b 成正比。也就是说,如果利润主要是由企业家努力所带来的,那么企业家就应该持有较高的股权。其次,企业家持有的股权和风险贡献 a 成反比。含义是说,如果企业的利润主要是由风险所带来的,企业家持有的股权应该下降。饶有兴趣的是,企业家持有的股权和企业家的努力成本成反比。含义是说,如果企业家很笨,实现同样的利润水平需要付出很大的努力,这时他持有的股权应该下降。这是因为,投资者在考虑给企业家多少股权时,主要考虑的企业家努力的边际贡献,在努力成本很高时,意味着单位努力成本所带来的利润将会下降。因此,投资者将削减企业家持有的股权。这实际上是一种只注重"功劳"而不在意"苦劳"的一种激励机制。显然,这种对于"功劳"的奖励,会使得企业家注重提高决策效率,节约成本。需要注意的是,股权的决定与采取债务融资的回报形成对比:债务所要求的回报仅取决于风险贡献的大小,而与其他因素无关。

此时,最优的风险水平和努力水平为:

$$p_s^* = \frac{3ac_2 - b^2}{4ac_2 - b^2}$$

$$e_s^* = \frac{a}{b} \times \frac{b^2 - 2ac_2}{4ac_2 - b^2}$$

3. 混合融资的情形

在混合融资条件下，首先，投资者决定债权融资部分的回报 D 以及所持有的股权比例 θ 来最大化其预期收益。然后，给定投资者的这一选择，企业家选择最优的风险水平和努力水平（p_{sd}^*，e_{sd}^*）来最大化其预期收益。

企业家的目标为：

$$\max_{\{p,e\}} \left(\theta \max \{ 0 , (1-p)\left[ap + be - D\right] \} \right) - c_2 e \qquad (4—52)$$

当时 $ap + be - D > 0$ 时，解上述问题，由一阶条件可以得到：

$$p_{sd}^* = \frac{1}{2} + \frac{D}{2\theta a} - \frac{b}{2a} e_{sd}^*$$

$$e_{sd}^* = \frac{\theta b}{2c_2} (1 - p_{sd}^*)$$

进一步，可以求得 p_{sd}^* 需满足：

$$p_{sd}^* = \frac{2c_2(a + D) - \theta b^2}{4ac_2 - \theta b^2} \qquad (4—53)$$

$$e_{sd}^* = \frac{\theta b(a - D)}{4ac_2 - \theta b^2} \qquad (4—54)$$

给定企业家的这一选择，我们来看以债权形式提供融资的投资者如何选择其索要的回报。假定全部所需资金中，有

α'部分采用债权融资。债权人的目标在于最大化其预期回报，因此其目标函数为：

$$\max_{\{i\}}(1 - p_{sd}^{*})D\alpha I \qquad\qquad (4\text{—}55)$$

把 $p_{sd}^{*} = \dfrac{2c_2(a + D) - \theta b^2}{4ac_2 - \theta b^2}$ 代入上述目标函数，可以得到一阶条件：

$$a - 2D = 0$$

由此，可以得到：

$$D = \frac{a}{2} \qquad\qquad (4\text{—}56)$$

这一结果表明，债权投资者索取的回报不会因为企业的融资结构发生改变而改变。换句话说，只要债权人确切知道风险贡献水平 a[①]，他可以不关心企业家发行了多少股票。

进一步，我们来看股权投资者的选择。股权投资者需要为自己投入的 $(1 - \alpha)I$ 部分资金争取恰当的股权，以使自己的投资收益最大化。同时，股权投资者的权益相对债权来说，是次一级的权益，只能在债权人获得权益后才能得到。因此，股权投资者的目标函数为：

---

① 正如现实的债券市场中，投资者往往可以只利用评级机构对某种债券的风险评级来对该债券定价。

$$\max(1-\theta)(1-p)\left[ap+be-\frac{a}{2}\right]I-(1-\alpha)I \qquad (4\text{—}57)$$

并且,对于股权投资者来说,在考虑债权人的选择后,企业家的风险水平和努力水平为:

$$p_{sd}^{*}=\frac{3ac_2-\theta b^2}{4ac_2-\theta b^2}$$

$$e_{sd}^{*}=\frac{\frac{1}{2}\theta ab}{4ac_2-\theta b^2}$$

把 p_{sd}^{*}、e_{sd}^{*} 代入股东的目标函数,有值函数关于 θ 的一阶导数为:

$$\frac{\partial V}{\partial \theta}=-\left[a(p-p^2)+(be-\frac{a}{2})(1-p)\right]$$

$$+(1-\theta)\left[\left(a(1-2p)-be+\frac{a}{2}\right)\frac{\partial p}{\partial \theta}+b(1-p)\frac{\partial e}{\partial \theta}\right]$$

把 p_{sd}^{*}、e_{sd}^{*} 代入上式,分别计算 $\left[a(p-p^2)+(be-\frac{a}{2})(1-p)\right]$, $\left(a(1-2p)-be+\frac{a}{2}\right)\frac{\partial p}{\partial \theta}$, $b(1-p)\frac{\partial e}{\partial \theta}$, 可以发现:

$$\left[(be-\frac{a}{2})(1-p)+a(p-p^2)\right]=\frac{a^3c_2^2}{[4ac_2-\theta b^2]^2}$$

$$\left(a(1-2p) - be + \frac{a}{2} \right) \frac{\partial p}{\partial \theta} = 0$$

$$b(1-p) \frac{\partial e}{\partial \theta} = \frac{2a^3 b^2 c_2^2}{[4ac_2 - \theta b^2]^3}$$

将上述结果代入一阶导数，由一阶条件可以得到：

$$2(1-\theta)b^2 = 4ac_2 - \theta b^2 \qquad\qquad (4\text{—}58)$$

进一步，可以求出混合融资下的最优股权比例：

$$\theta_{sd}^* = \frac{2b^2 - 4ac_2}{b^2}$$

将此解式和纯股权合约下股权分配相比较，可以发现，两个等式相同，因此，混合融资下的利润分配比例和纯股权合约下的股权分配比例完全相同，即 $\theta_s^* = \theta_{sd}^*$。所以，我们有下述定理：

定理 4—17：混合融资下的债权回报和纯债权回报相等，股权的回报和纯股权回报相等。

这一点似乎有悖常情：因为按照常识，在混合融资下，投资者得到利润分成比例应该是低于纯股权下的分成比例。但就本书考虑的情况来看，企业家在"做正确的事"（风险水平）和"正确地做事"（努力水平）之间具有相互依赖关系这一点使得在股权分配中,企业家获得的股权主要依赖于风险贡献和努力贡献以及风险控制成本系数和努力成本系数。而混合融资中,由于债权的回报只是一个和风险贡献相关的常量,这对企业家和股东来说,只是相当于减少了待分配利润的总量,故对利润分成的比例没有任何影响。因此,无论是债权回报还是股权回报都不依赖具体的资本结构。

进一步,将混合融资下股权的最优分配 θ_{sd}^* 代入企业家的风险水平和努力水平,可以得到混合融资下的最优风险水平和最优努力水平:

$$p_{sd}^* = \frac{3ac_2 - \theta_{sd}^* b^2}{4ac_2 - \theta_{sd}^* b^2} \tag{4—59}$$

$$e_{sd}^* = \frac{\frac{1}{2}\theta_{sd}^* ab}{4ac_2 - \theta_{sd}^* b^2} \tag{4—60}$$

与纯股权融资相比,由于 $\theta_s^* = \theta_{sd}^*$,所以,可以知道:

$$p_{sd}^* = \frac{3ac_2 - \theta_{sd}^* b^2}{4ac_2 - \theta_{sd}^* b^2} > p_s^* = \frac{2ac_2 - \theta b^2}{4ac_2 - \theta b^2}$$

$$e_{sd}^* = \frac{\frac{1}{2}\theta_{sd}^* ab}{4ac_2 - \theta_{sd}^* b^2} < e_s^* = \frac{\theta ab}{4ac_2 - \theta b^2}$$

所以,混合融资下的最优风险水平将高于纯股权融资下最优风险水平,最优努力水平则低于纯股权融资的最优努力水平。

4. 小　结

下面，我们来总结本节的讨论。

为了便于讨论，我们首先把前面的一些计算结果总结在表4—2中。

考察表4—2中不同证券下的最优风险和努力，我们可以得到下述定理：

表4—2　　　　　　不同证券下的最优风险和努力

社会最优	$p^* = \dfrac{2ac_2}{4ac_2 - b^2}$	$e^* = \dfrac{ab}{2ac_2 - b^2}$
纯债务融资	$p_d^* = \dfrac{ac_2}{4ac_2 - b^2}$	$e_d^* = \dfrac{\frac{1}{2}ab}{4ac_2 - b^2}$
纯股权融资	$p_s^* = \dfrac{3ac_2 - b^2}{4ac_2 - b^2}$	$e_s^* = \dfrac{a}{b}\dfrac{b^2 - 2ac_2}{4ac_2 - b^2}$
混合融资	$p_{sd}^* = \dfrac{7ac_2 - 2b^2}{8ac_2 - 2b^2}$	$e_{sd}^* = \dfrac{a}{b}\dfrac{b^2 - 2ac_2}{8ac_2 - 2b^2}$

定理4—18：在企业家风险和努力具有替代关系的情况下，单一证券下的风险水平和努力水平将优于多种证券下的风险水平和努力水平。

证明：在上一节末，我们表明了纯股权融资下的风险水平和努力水平优于混合融资下的风险水平和努力水平。因此，我们只需要表明纯债权融资下，企业家的风险水平和努力水平将优于混合融资下的风险水平和努力水平。为此，我

们进行下述计算:

$$p_d^* - p_s^* = \frac{ac_2}{4ac_2 - b^2} - \frac{7ac_2 - 2b^2}{8ac_2 - 2b^2}$$

$$= \frac{2b^2 - 5ac_2}{4ac_2 - b^2}$$

$Q\ 2b^2 - 5ac_2 < 0$

$\therefore p_d^* < p_{sd}^*$。

$$e_d^* - e_{sd}^* = \frac{\frac{1}{2}ab}{4ac_2 - b^2} - \frac{\frac{a}{b}(b^2 - 2ac_2)}{8ac_2 - 2b^2}$$

$$= \frac{a/b}{8ac_2 - 2b^2}(b^2 - 2ac_2)$$

$Q\ b^2 - 2ac_2 > 0$

$\therefore e_d^* > e_{sd}^*$。

这表明,在混合融资下,企业家选择的风险水平要高于债务融资下的风险水平,努力水平要低于债务融资下的努力水平。

这一结论背后的直观是,由于企业家的风险水平和努力水平具有相互依赖的关系,扭曲风险水平也意味着扭曲努力水平的选择。使用单一的股权融资,由于股权将扭曲企业家的努力水平,从而将扭曲风险水平;当使用单一的债权融资时,债权将会扭曲风险的选择,从而带动对努力水平的选择。但使用单一证券时这些扭曲都是单层的,而在使用混合证券融资时,将会产生双层的扭曲。也就是说,混合证券融资中的债务融资将会扭曲企业家的风险水平,然后扭曲企业

家的努力水平；股权融资又会通过扭曲企业家的努力水平来
扭曲企业家的风险水平。

　　在本章中，我们假设风险的选择没有可变成本。正如第
一节所指出的那样，这是一个可以放松的假设。实际上，如
果我们引入形式为 $c(p) = cp^2$ 的风险选择成本函数，仍然
可以得到我们上述的基本结论。

第五章 监督与证券设计

　　本章中，我们讨论需要引入监督的证券设计问题。和前一章讨论的融资环境不同，本章我们考虑下述两种融资环境：(1) 企业家的行为可以观测，但项目的最终利润水平不可验证；(2) 企业家的行为不可观测，项目的最终利润水平也不可验证。在这两种融资环境中，由于利润水平不可验证使得缺乏缔约工具，为便利融资，需要引入监督。因为监督的存在可以在一定程度上使得项目的赢利水平变得可以检验。

　　根据发生在事前还是事后，投资者的监督可以分为事前监督和事后监督。也可称为主动监督（active monitoring）和被动监督（passive monitoring）。所谓主动监督是指在企业的利润实现之前或过程中对企业家的行动做出要求和控制。被动监督是指在利润形成后，对于经营业绩的考察。霍姆斯特姆和梯若尔（1993）指出两种监督的区别主要在于利用的信息不同：主动监督利用的是"策略性信息"（strategic information）或"前瞻性信息"（prospective information），这些信息出现在企业家行动之前，监督者利用这些信息可以改变企业家的决策，提高预期利润水平；被动监督利用的信息

则是"回顾性信息"（retrospective information），这些信息
包括企业家决策后的利润以及资产状况。由于这些信息往往
被知情者用来进行投资，所以又被称为"投机性信息"
（speculative information）。因此，也可以简单地说，事前监
督是指对企业家行为的监督和控制，事后监督是指对企业利
润水平的审计与核实。

　　在本章中，我们考虑不同的融资方式和不同的监督方式
对于企业家多种决策会带来什么影响？对投资者的监督行为
会产生什么影响？我们回答这一问题的思路是，给定某一融
资方式，投资者的最优监督力度将如何决定？给定投资者的
最优监督力度，企业家的最优风险水平（谨慎程度）和努
力水平将如何决定？因此，探讨监督和证券设计的相互影响
将是本章的主要任务。下书的第一节将考察被动监督与证券
设计之间的相互关系。第二节考察主动监督与证券设计之间
的关系。

第一节　被动监督下的证券设计

　　本节所考察的融资情形对应现实中这样的一种情况：投
资者有机会看到企业家的行为，也大致知道企业的赢利水
平，但是，企业的赢利水平却是难以被第三方所验证。比
如，一些没有采用公认会计准则的个体商贩或小企业的融资
行为就类似我们所考察的这一情形。这种情况的存在为企业
家的赖账或不分红利等机会主义行为提供了空间。解决这类
融资中的机会主义行为的办法之一是抵押。即让企业家把具

有一定价值的物品抵押给投资者。这种抵押行为实质是一种资产的变现行为，其操作前提要求企业家具有一定的可抵押资产。但就我们关心的创业行为来说，这一要求可能没有办法实现：创业者经常是一文不名。在抵押不可行的情况下，为了保障融资的进行，企业家往往需要将审核检验的权力交给监督者。比如，我们可以看到，缺乏抵押的情况下，投资者往往要向投资企业派驻会计师。其实，要求上市公司公布的报表中要有会计师事务所出具的审计报告，也是这一逻辑的现实反应。

一　模型设定

如上述，我们假定企业家的行为可以观测，但利润水平却无法被第三方验证。为了保证利润分配的实现，投资者需要对企业进行审计来揭示企业的真实利润水平。即审核各种支出和收入，并反映到会计账册中来，由此使得利润水平可以验证。一般来说，审计越深入细致，越能揭示企业的真实利润水平。我们用"审计力度"表示审计的深入细致程度，并用字母 $\xi \in (0, 1)$ 来表示审计力度。假定给定审计力度 ξ 下，会有 $\xi\Pi$ 部分的利润水平变成可以被第三方验证，而投资者（无论是债权人还是股东）为审计付出的成本为 $c_3\xi^2$。

还有一点需要明确的是，根据我们模型的设定，投资者只有在企业成功的条件下，才会进行审计。这是因为，由于企业的利润水平是投资者可以观测到的，所以当项目失败，企业利润为零时，根据模型假定，失败时没有剩余资产可供弥补投资者的投资，所以投资者将不会花费资源进行审计。

假设企业成功条件下的回报率为 $\Pi = ap + be$[①]。企业家为选择风险水平和努力水平所付出的成本分别为 $c_1(1-p)^2$，$c_2 e^2$。注意，与上一章不同的是，本章中企业家的风险选择是需要成本的。并且，我们假定企业家选择成功可能性高的项目，或者说谨慎程度越高，企业家付出的成本也就越高。

另外，为了把分析集中在监督与证券设计的关系上面，我们假设融资合同中的分配方式是外生给定的。换句话说，如果采用的是债务融资，则债权 D 的确定和企业家选择的风险水平和努力水平都没有关系；如果采用的是股权融资，则股权 $(1-\theta)$ 的确定也和企业家选择的风险水平和努力水平没有关系。这里之所以假定它们是外生的，是因为在企业利润不可验证的条件下，投资者不能基于企业家的选择来进行缔约。

双方的博弈时序如图 5—1 所示：

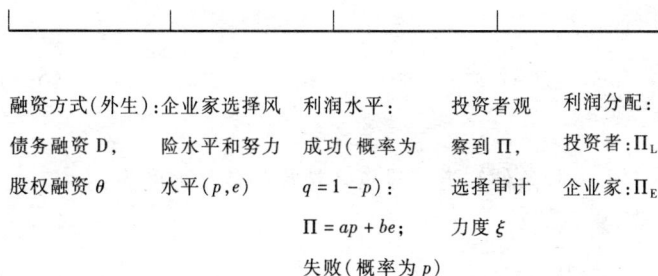

融资方式(外生)：	企业家选择风	利润水平：	投资者观	利润分配：
债务融资 D，	险水平和努力	成功(概率为	察到 Π，	投资者：Π_L
股权融资 θ	水平 (p,e)	$q = 1-p)$：	选择审计	企业家：Π_E
		$\Pi = ap + be$；	力度 ξ	
		失败(概率为 p)		

图 5—1 事后监督的融资博弈

[①] 需要说明的是，本章我们将只考虑企业家的风险选择和努力选择相互替代的情形。对于相互补充的情形，留待我们以后的工作。

如图 5—1 所示，企业家首先行动，他将选择风险水平和努力水平，产生一个利润。然后，投资者选择某一审计力度，进行审核。最后，根据审核的结果进行分配。

下面，我们按照企业不同的融资方式来考察投资者最优监督力度的选择以及企业家的最优风险水平和努力水平的选择。

二　纯债务融资

如果投资者仅以债务的形式进行投资，在项目成功的条件下，他将得到的为一个外生的固定水平回报 D。根据前面的假定，投资者为了得到这一回报，需要将企业的利润水平变为可以验证。显然，投资回报中得到验证的部分所占比例越高，投资者收回的权益也就越高。所以，投资者选择的监督力度 ξ 满足：

$$\max_{\{\xi\}}\left[\xi D - c_3\xi^2\right] \qquad (5—1)$$

由一阶条件知道，投资者选择的监督力度为：

$$\xi = \frac{D}{2c_3} \qquad (5—2)$$

这表明，投资者的监督力度会随着债权回报的提高而提高，随着监督成本的提高而下降。

给定投资者的监督力度，我们来看企业家的选择。

企业家的目标函数为：

$$\max_{\{p,e\}}(1-p)\left[ap+be-\xi D\right]-c_1(1-p)^2-c_2e^2 \qquad (5—3)$$

把（5—2）式代入，有：

$$\max(1-p)\left[ap+be-\frac{D^2}{2c_3}\right]-c_1(1-p)^2-c_2e^2$$

得到关于 p 的一阶条件：

$$\frac{\partial V}{\partial p}=(1-2p)a-be+\frac{D^2}{2c_3}+2c_1-2c_1p=0$$

整理一下，有：

$$a+2c_1+\frac{D^2}{2c_3}=(2a+2c_1)p+be \qquad (5—4)$$

上面（5—4）式的左边是企业家提高风险水平所带来的边际收益。该边际收益是由三部分构成：一是风险贡献 a；二是提高风险水平所带来的谨慎成本的节约 $2c_1$；三是提高风险后因破产机会的提高而带来的债务豁免 $\frac{D^2}{2c_3}$。右边是企业家提高风险水平所带来的边际成本。该边际成本是由三部分构成：一是风险贡献损失 $2ap$；二是预期的谨慎损失

$2c_1 p$；三是努力收入损失 be。

由此可得出：

$$p = \frac{a + 2c_1 + \dfrac{D^2}{2c_3} - be}{2(a + c_1)} \tag{5—5}$$

关于 e 的一阶条件为：

$$(1 - p)b = 2c_2 e \tag{5—6}$$

上式中，左边是提高努力水平所带来的预期边际收益，等于努力贡献 b 乘以成功的概率 $(1 - p)$。

由此可得到：

$$e = \frac{b}{2c_2}(1 - p) \tag{5—7}$$

解（5—4）和（5—5）联立的方程，可以得到在债权人的被动监督下，企业家的最优风险水平和努力水平：

$$p_d^* = \frac{2c_2 \left(a + 2c_1 + \dfrac{D^2}{2c_3} \right) - b^2}{4(a + c_1)c_2 - b^2} \tag{5—8}$$

$$e_d^* = \frac{\left(a - \dfrac{D^2}{2c_3} \right) b^2}{4(a + c_1)c_2 - b^2} \tag{5—9}$$

对上述企业家的最优风险水平和努力水平进行考察，可以发现他们关于债务水平和债权人的监督成本具有下述关系：

$$\frac{\partial p}{\partial c_3} = -\frac{c_2 D^2}{(4(a+c_1)c_2 - b^2)c_3^2} < 0$$

$$\frac{\partial \Pi}{\partial c_3} = \frac{\frac{1}{2}D^2 b^2}{(4(a+c_1)c_2 - b^2)c_3^2} > 0$$

总结上述讨论，我们有下述定理：

定理 5—1：对于被动监督来说，企业家的最优风险水平会随着监督成本的提高而降低；最优努力水平随债权人的监督成本提高而提高。

上述定理的直观含义是，当债权回报提高时，根据前面的计算可以知道，投资者会提高监督力度，这意味着债权人的可承兑收入就会增加，而企业家的收入就会减少。这就使得企业家不愿意付出成本，选择成功可能性高的项目以及付出更高的努力水平来提高企业的利润水平。而当债权人的监督成本提高时，意味着债权人监督力度将会下降，使得债权人的可承兑收入也会下降，企业家的收入就会提高。这就使得企业家有积极性选择成功概率高（低风险）的项目和付出较高的努力水平。

实际上，由于被动监督的主要作用在于提高投资者的可承兑收入，使得企业家的收入减少。因此，被动监督力度的加强总是会打击企业家的选择最优行为的积极性。

三　纯股权融资

假定投资者采用股权融资，其得到的股权比例为$(1-\theta)$，则他选择的监督力度ξ应满足下式：

$$\max(1-\theta)\xi\Pi - c_3\xi^2, \qquad\qquad (5—10)$$

其中$\Pi = ap + be$。

根据一阶条件，可以知道：

$$\xi = \frac{1-\theta}{2c_3}[ap + be]$$

观察上述投资者的最优监督力度，可以发现，投资者会随着企业家选择风险水平的提高以及努力水平的提高而提高监督力度。

给定投资者的这一监督力度，成功条件下企业家得到的报酬为：

$$\Pi - \xi\,(1-\theta)\,\Pi$$

因此，我们有企业家的目标函数为：

$$\max_{\{p,e\}} (1-p)\left[1-\xi(1-\theta)\right]\left[ap+be\right] - c_1(1-p)^2 - c_2 e^2$$

$$(5\text{—}11)$$

将 $\xi = \dfrac{1-\theta}{2c_3}\left[ap+be\right]$ 代入上式，目标函数为：

$$V = \left[a(p-p^2) + b(1-p)e\right]\left[1 - \frac{(1-\theta)^2}{2c_3}(ap+be)\right] - c_1 (1-p)^2 - c_2 e^2$$

由目标函数关于 p、e 的一阶条件，可以得到最优的努力水平和风险选择需满足下式：

$$\left[a(1-2p)-be\right]\left[1 - \frac{(1-\theta)^2}{2c_3}(ap+be)\right] - a(1-p)\left[ap\right.$$

$$\left.+be\right]\frac{(1-\theta)^2}{2c_3} + 2c_1(1-p) = 0 \qquad (5\text{—}12)$$

$$b(1-p)\left[1 - \frac{(1-\theta)^2}{c_3}(ap+be)\right] - 2c_2 e = 0 \qquad (5\text{—}13)$$

为解方程（5—12），我们令 $\tau = \dfrac{(1-\theta)^2}{2c_3}$，有：

$$p = \frac{1}{3\tau a^2}\{a + c_1 + a\tau(a-2be) +$$

$$\sqrt{(a+c_1+a\tau(a-2be))^2 - 3\tau a^2(a+2c_1+be(be\tau-2ab-1))}\}$$

$$(5\text{—}14)$$

解方程（5—13），有：

$$e = \frac{b(1-p)[1-2\tau ap]}{2(c_2 + \tau b^2(1+p))} \qquad (5—15)$$

由此，我们可以求出下面的比较静态结果：

$$\frac{\partial p}{\partial c_3} = \frac{\partial p}{\partial \tau}\frac{\partial \tau}{\partial c_3} \begin{cases} >0,若各参数满足\dfrac{\partial \sigma}{\partial \tau}<0; \\ \\ <0,若各参数满足\dfrac{\partial \sigma}{\partial \tau}>0; \end{cases} \qquad (5—16)$$

其中：

$$\sigma = \sqrt{(a+c_1+a\tau(a-2be))^2 - 3\tau a^2(a+2c_1+be(be\tau-2ab-1))}。$$

$$\frac{\partial e}{\partial c_3} = \frac{\partial e}{\partial \tau}\frac{\partial \tau}{\partial c_3} > 0$$

所以，总结上述讨论，我们有下述定理：

定理5—2：采用股权融资，被动监督下，最优的风险水平在风险贡献较高时随着投资者监督成本的提高而提高，否则会随着监督成本的提高而降低；而最优努力水平则随着投资者监督成本的提高会一直保持提高。

上述结论背后的直观是，当投资者的监督变得更加困难时，监督力度就会降低。对于企业家来说，他就会通过改善风险决策和努力决策来提高利润水平。就风险决策来说，企业家首先需要考虑的是风险贡献的大小。如果风险贡献很大，即使投资者的监督力度提高，他也会提高决策的风险水平；反之，则会随着投资者监督力度的提高而降低。对于企业家的最优努力水平来说，由于投资者监督成本的提高，意味着在其他条件不变的情况下，投资者监督力度会下降，降低了投资者实际分红的比例。所以，企业家将会随着监督力度的下降来不断提高努力水平。

和定理（5—1）描述的债权融资下的最优风险水平和最优努力水平相比，很容易观察出二者之间的同与不同：相同的是，都会随着监督成本的上升而提高努力水平；不同的是，债权融资下的最优风险水平随着投资者监督成本的上升而降低，但股权融资下的最优风险水平则在一定的条件下出现上升的情况。

第二节　主动监督下的证券设计

一　主动监督

当企业家的行为以及企业的利润都不可观测时，投资者仅依靠被动监督，将难以保证自己的投资收益。这是因为，如果投资者对影响企业利润的两个变量 p、e 和相关参数 a、b、c_1、c_2 都观察不到，他将不会知道企业的真实利润水平为多少，从而在事后审计的情况下，也难以决定审计力度的大小。

　　因此，这时需要引入主动监督。在主动监督下，投资者不仅对企业家选择的风险和努力水平进行监督和控制，还将揭示各个参数的大小。所以，主动监督不仅可以使影响企业利润的两个变量 p、e 都变得可以观测，而且由于主动监督可以直接规定企业家的选择，使得企业的利润水平变得可被第三方所验证。这也意味着，在企业家行为和企业业绩都不可观测的情况下，只引入主动监督就可以了。

　　另外，我们假定无论是债权人还是股东，所掌握的监督技术都是相同的。之所以做出这样一个假设，是因为，如果不同的投资者所处的位置不同，比如一部分投资者为内部人，另一部分为外部人，内部人对于企业家的监督具有一定的便利性，这时引入这种异质性监督技术无疑是适合的。但在我们的模型中投资人都是外部人，所以我们假设投资者所拥有的监督技术都是相同的。

　　主动监督下融资博弈时序具体如图 5—2 所示：

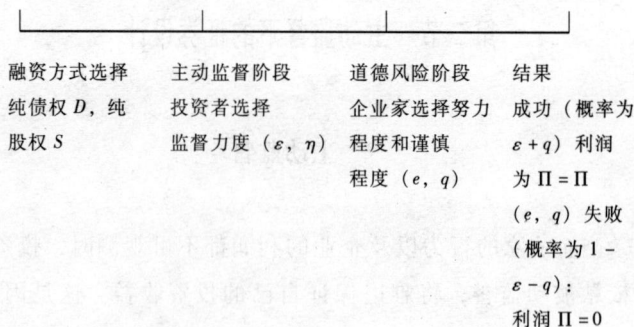

融资方式选择	主动监督阶段	道德风险阶段	结果
纯债权 D，纯股权 S	投资者选择监督力度 (ε, η)	企业家选择努力程度和谨慎程度 (e, q)	成功（概率为 $\varepsilon + q$）利润为 $\Pi = \Pi(e, q)$ 失败（概率为 $1 - \varepsilon - q$）；利润 $\Pi = 0$

图 5—2　主动监督与证券设计

　　我们假定监督者付出的努力也是二维的：监督者不仅要监督企业家选择风险水平，也要监督其选择的努力水平。做出这一假定，是因为我们观察到现实中对于风险的监督和对于努力的监督往往是不同的。比如，对于风险的监督往往需要诉诸专门的评估机构，需求专业咨询，而对于努力的监督可以通过抽检、考核等来完成。显然，投资者进行着两类活动付出的监督成本是不同的。

　　我们把监督者对于企业家风险水平选择的监督力度记为 $\varepsilon \in (0, 1)$，对努力水平的监督力度记为 $\eta \in (0, 1)$。假设投资者的监督力度是可变的。在投资者选择监督力度 (ε, η) 后，企业家对谨慎程度（成功可能性）的选择就会从 $q = 1 - p$ 变为 ($q + \varepsilon$)[①]，对努力的选择就会从 e 变为 ($e + \eta$)。这一假设表明主动监督可以起到降低风险，提高企业家努力水平的作用。因此，ε 越大，表明对风险的监督力度越大；η 越大则说明对努力的监督力度越大。给定监督力度 (ε, η)，监督者为此付出的成本为 $c (\varepsilon, \eta) = c_3 \varepsilon^2 + c_4 \eta^2$，$c_3 > 0$，$c_4 > 0$，而监督者的收益根据投资方式的不同而不同。这将导致投资者的最优的监督力度会有所不同。

　　与被动融资相同，这时我们也需要假定投资者的回报是外生给定的，也就是不依赖于企业家的努力水平和风险选择。

　　下面我们首先来考察债权融资下，投资者最优监督力度的选择。

---

　　① 为了更好地刻画主动监督的作用，本节我们采用企业家选择成功可能性或谨慎程度来描述企业家的风险选择。

二　债权融资和最优监督力度

遵循动态博弈逆向求解的思路，我们先来考察在给定债权人的监督力度 (ε, η) 条件下，企业家如何选择最优的风险水平和努力水平。

企业家的目标函数为：

$$\max_{|p,e|}(q+\varepsilon)\left[a(1-q-\varepsilon)+b(e+\eta)-D\right]-c_1 q^2-c_2 e^2$$

$$(5\text{—}17)$$

关于 (q, e) 的一阶条件为：

$$\frac{\partial V}{\partial q}=a-D+b(e+\eta)-2a\varepsilon-(2a+2c_1)q=0$$

$$\frac{\partial V}{\partial e}=b(q+\varepsilon)-2c_2 e=0$$

由此，我们可以知道最优的风险水平和努力水平 (q^*, e^*) 需满足下式：

$$q^*=\frac{a-D-2a\varepsilon}{2(a+c_1)}+\frac{b(e+\eta)}{2(a+c_1)}$$

$$e^*=\frac{b}{2c_2}(q+\varepsilon)$$

把最优努力水平代入最优风险水平的式子，则可以得到：

$$q^* = \frac{2c_2(a-D)}{4c_2(a+c_1)-b^2} + \frac{(b^2-4ac_2)}{4c_2(a+c_1)-b^2}\varepsilon + \frac{2bc_2}{4c_2(a+c_1)-b^2}\eta$$

$$(5—18)$$

$$e^* = \frac{b(a-D)}{4c_2(a+c_1)-b^2} + \frac{2bc_1}{4c_2(a+c_1)-b^2}\varepsilon + \frac{b^2}{4c_2(a+c_1)-b^2}\eta$$

$$(5—19)$$

对最优风险水平和努力水平进行比较静态分析，我们可以得到：

$$\frac{\partial q^*}{\partial \varepsilon} = \frac{b^2-4ac_2}{4c_2(a+c_1)-b^2}$$

因此，当 $\dfrac{b^2}{2c_2} > 2a$ 时，有：

$$\frac{\partial q^*}{\partial \varepsilon} \geqslant 0 \qquad\qquad (5—20)$$

否则，$\dfrac{\partial p^*}{\partial \varepsilon} < 0$。

$$\frac{\partial e^*}{\partial \eta} = \frac{b^2}{4c_2(a+c_1)-b^2} > 0 \qquad\qquad (5—21)$$

总结以上分析，我们有下述定理：

定理 5—3：债权融资下，企业家的谨慎程度在风险贡献较少时，随着主动监督力度的提高而提高，而在风险贡献较大时，随着监督力度的提高而降低。企业家的最优努力水平则随着主动监督力度的提高而提高。

这一定理的直观含义是，由于主动监督可以改善企业家的风险决策和努力决策，所以，一般条件下，企业家会欢迎投资者的主动监督。因此，在上述定理中，我们看到企业家的最优努力会随着监督力度提高而提高，在一定条件下，最优谨慎程度也会随着主动监督力度的提高而提高。但是，在风险贡献很大时，企业家为了获得更高的预期收益，就会希望采取更具风险的行为。这样，债权人监督力度 ε 越大，企业家越要提高决策风险。

给定企业家的这一选择，我们下面来考察投资者如何选择其监督力度。

对于投资者来说，其目的在于通过监督来获得最大的回报。因此，它的目标函数为：

$$\max_{\{\varepsilon, \eta\}} (q^* + \varepsilon) D - c_3 \varepsilon^2 - c_4 \eta^2 \qquad (5\text{—}22)$$

把 $q^* = \dfrac{2c_2(a-D)}{4c_2(a+c_1)-b^2} + \dfrac{(b^2-4ac_2)}{4c_2(a+c_1)-b^2}\varepsilon + \dfrac{2bc_2}{4c_2(a+c_1)-b^2}\eta$

代入（5—22），并对 ε 和 η 分别求偏导，则我们可以得到下面的两个一阶条件：

$$\frac{\partial V}{\partial \varepsilon} = \frac{4c_1 c_2 D}{4c_2(a+c_1)-b^2} - 2c_3 \varepsilon = 0$$

$$\frac{\partial V}{\partial \eta} = \frac{2bc_2 D}{4c_2(a+c_1)-b^2} - 2c_4 \eta = 0$$

由此，可以得到投资者的最优监督力度：

$$\varepsilon^* = \frac{D}{c_3} \frac{2c_1 c_2}{4c_2(a+c_1)-b^2} \qquad (5-23)$$

$$\eta^* = \frac{D}{c_4} \frac{bc_2}{4c_2(a+c_1)-b^2} \qquad (5-24)$$

考察上述投资者的最优监督力度，显然有下述定理：

定理 5—4：债权融资下，投资者的主动监督力度，无论是风险监督还是努力监督，随各自的监督成本的提高而降低，随债权回报的提高而提高。

把上述投资者的最优监督力度代入企业家的最优风险水平和努力水平，则可以得到：

$$q^* = \frac{2c_2(a-D)}{4c_2(a+c_1)-b^2} + \frac{2c_1 c_2(b^2-4ac_2)}{[4c_2(a+c_1)-b^2]^2} \frac{D}{c_3} +$$

$$\frac{2b^2 c_2^2}{[4c_2(a+c_1)-b^2]^2} \frac{D}{c_4} \qquad (5-25)$$

$$e^* = \frac{b(a-D)}{4c_2(a+c_1)-b^2} + \frac{4bc_1^2 c_2}{[4c_2(a+c_1)-b^2]^2}\frac{D}{c_3} +$$

$$\frac{b^3 c_2}{[4c_2(a+c_1)-b^2]^2}\frac{D}{c_4} \tag{5—26}$$

对此,我们感兴趣的是企业家的最优努力水平和风险水平和投资监督成本之间的关系。所以,我们进行下述比较静态分析:

$$\frac{\partial q^*}{\partial c_3} = \frac{2c_1 c_2(4ac_2-b^2)}{[4c_2(a+c_1)-b^2]^2}\frac{D}{c_3^2}\begin{cases} >0, \text{当 } b^2<4ac_2; \\ <0, \text{当 } b^2<4ac_2; \end{cases} \tag{5—27}$$

$$\frac{\partial e^*}{\partial c_4} = -\frac{b^3 c_2}{[4c_2(a+c_1)-b^2]^2}\frac{D}{c_4^2} < 0 \tag{5—28}$$

因此,我们有下述定理:

定理 5—5:企业家的最优的努力水平会随着债权人主动监督难度的提高而降低。而最优谨慎程度选择(风险选择)在风险贡献和努力贡献满足当 $b^2<4ac_2$ 时,最优谨慎选择(风险选择)会随着债权人对风险主动监督难度的提高而提高;否则,会相反。

上述定理反映的直观是,当债权人进行主动监督难度提高时,会给企业家带来机会主义空间。但是,在特定的条件下,由于监督具有改善企业家业绩的功能,企业家的风险选择也会随着监督力度的提高而增加。

三　股权融资和最优监督力度

如前面假定，当单纯使用股权融资时，外部投资者得到的股权比例为 $(1-\theta)$，所以，给定股权投资者的监督力度 (ε,η)，企业家选择风险水平和努力水平来最大化下述的目标函数：

$$\max_{[p,e]}\theta(q+\varepsilon)\big[a(1-q-\varepsilon)+b(e+\eta)\big]-c_1q^2-c_2e^2$$

$$(5\!-\!29)$$

求目标函数分别关于 q、e 的函数，有：

$$\frac{\partial V}{\partial q}=\theta a(1-2\varepsilon)+\theta b(e+\eta)-(2\theta a+2c_1)q=0$$

$$\Rightarrow q=\frac{\theta a(1-2\varepsilon)+\theta b(e+\eta)}{2(\theta a+c_1)}$$

$$\frac{\partial V}{\partial e}=\theta b(q+\varepsilon)-2c_2e=0$$

$$\Rightarrow e=\frac{\theta b}{2c_2}(q+\varepsilon)$$

把 q 代入上面 e 的表达式，可以得到最优的努力函数：

$$e=\frac{\theta^2ab}{4c_2(\theta a+c_1)-\theta^2b^2}+\frac{2\theta bc_1}{4c_2(\theta a+c_1)-\theta^2b^2}\varepsilon+\frac{\theta^2b^2}{4c_2(\theta a+c_1)-\theta^2b^2}\eta$$

$$(5\!-\!30)$$

进一步，可以得到最优的风险选择函数：

$$q = \frac{2\theta ac_2}{4c_2(\theta a + c_1) - \theta^2 b^2} + \frac{\theta(\theta b^2 - 2ac_2)}{4c_2(\theta a + c_1) - \theta^2 b^2}\varepsilon + \frac{2\theta bc_2}{4c_2(\theta a + c_1) - \theta^2 b^2}\eta$$

$$(5—31)$$

对上述结果进行比较静态分析，可以发现，有：

$$\frac{\partial q}{\partial \varepsilon} > 0, \frac{\partial e}{\partial \varepsilon} > 0;$$

$$\frac{\partial q}{\partial \eta} > 0, \frac{\partial e}{\partial \eta} > 0;$$

所以，我们有下述定理：

定理 5—6：股权融资下，企业家的风险选择和努力选择随主动监督力度的提高而提高。

给定企业家的这一选择，我们来考察股东对最优监督力度的选择。

股东选择监督力度 (ε, η) 来最大化下述目标函数：

$$\max_{\{\varepsilon, \eta\}}(1-\theta)(q+\varepsilon)[a(1-q-\varepsilon)+b(e+\eta)] - c_3\varepsilon^2 - c_4\eta^2$$

$$(5—32)$$

把 p、e 的取值代入上式，然后，可以求出关于 (ε, η) 的一阶条件：

$$\frac{\partial V}{\partial \varepsilon} = (1-\theta)\left[a(1-2q-2\varepsilon)\left(1+\frac{\partial q}{\partial \varepsilon}\right) + b(e+\eta)\left(1+\frac{\partial q}{\partial \varepsilon}\right)\right.$$

$$\left. + b(q+\varepsilon)\frac{\partial e}{\partial \varepsilon}\right] - 2c_3\varepsilon = 0$$

$$\frac{\partial V}{\partial \eta} = (1-\theta)\left[a(1-2q-2\varepsilon)\frac{\partial q}{\partial \eta} + b(e+\eta)\frac{\partial q}{\partial \eta} + b(q+\varepsilon)\right.$$

$$\left.\frac{\partial e}{\partial \eta}\right] - 2c_3\eta = 0$$

为计算简便，我们规定下述记号：

$$e_0 = \frac{\theta^2 ab}{4c_2(\theta a+c_1)-\theta^2 b^2}; e_\varepsilon = \frac{\partial e}{\partial \varepsilon} = \frac{2\theta bc_1}{4c_2(\theta a+c_1)-\theta^2 b^2};$$

$$e_\eta = \frac{\partial e}{\partial \eta} = \frac{\theta^2 b^2}{4c_2(\theta a+c_1)-\theta^2 b^2};$$

$$q_0 = \frac{2\theta ac_2}{4c_2(\theta a+c_1)-\theta^2 b^2}; q_\varepsilon = \frac{\partial q}{\partial \varepsilon} = \frac{\theta(\theta b^2-2ac_2)}{4c_2(\theta a+c_1)-\theta^2 b^2};$$

$$q_\eta = \frac{\partial q}{\partial \eta} = \frac{2\theta bc_2}{4c_2(\theta a+c_1)-\theta^2 b^2};$$

在新的记号下：

$$e = e_0 + e_\varepsilon \varepsilon + e_\eta \eta$$

$$q = q_0 + q_\varepsilon \varepsilon + q_\eta \eta$$

把它们代入上述一阶条件，则可以得到：

$$\varepsilon = \frac{(1+q_\varepsilon)(a-2aq_0+be_0)+bq_0e_\varepsilon}{\dfrac{2c_3}{1-\theta}+2a(1+q_\varepsilon)^2-2be_\varepsilon(1+q_\varepsilon)} +$$

$$\frac{b(1+q_\varepsilon)(1+e_\eta)+bq_\eta e_\varepsilon-2ap_\eta(1+q_\varepsilon)}{\dfrac{2c_3}{1-\theta}+2a(1+q_\varepsilon)^2-2be_\varepsilon(1+q_\varepsilon)}\eta \qquad (5\text{—}33)$$

$$\eta = \frac{ap_\eta(1-2q_0)+b(e_0q_\eta+e_\eta q_0)}{\dfrac{2c_4}{1-\theta}+2aq_\eta^2-bq_\eta(1+2e_\eta)}$$

$$+\frac{be_\varepsilon p_\eta+(be_\eta-2aq_\eta)(1+q_\varepsilon)}{\dfrac{2c_4}{1-\theta}+2aq_\eta^2-bq_\eta(1+2e_\eta)}\varepsilon \qquad (5\text{—}34)$$

我们记：

$$\varepsilon_0 = \frac{(1+q_\varepsilon)(a-2aq_0+be_0)+bq_0e_\varepsilon}{\dfrac{2c_3}{1-\theta}+2a(1+q_\varepsilon)^2-2be_\varepsilon(1+q_\varepsilon)};$$

$$\varepsilon_1 = \frac{b(1+q_\varepsilon)(1+e_\eta)+bq_\eta e_\varepsilon-2ap_\eta(1+q_\varepsilon)}{\dfrac{2c_3}{1-\theta}+2a(1+q_\varepsilon)^2-2be_\varepsilon(1+q_\varepsilon)};$$

$$\eta_0 = \frac{aq_\eta(1-2q_0)+b(e_0q_\eta+e_\eta q_0)}{\dfrac{2c_4}{1-\theta}+2aq_\eta^2-bq_\eta(1+2e_\eta)};$$

$$\eta_1 = \frac{be_\varepsilon q_\eta+(be_\eta-2aq_\eta)(1+q_\varepsilon)}{\dfrac{2c_4}{1-\theta}+2aq_\eta^2-bq_\eta(1+2e_\eta)};$$

则可以得到股东最优的监督力度为：

$$\varepsilon^* = \frac{\varepsilon_0 + \varepsilon_1 \eta_0}{1 - \varepsilon_1 \eta_1} \tag{5—35}$$

$$\eta^* = \frac{\eta_0 + \varepsilon_0 \eta_1}{1 - \varepsilon_1 \eta_1} \tag{5—36}$$

下面，我们来考察股东最优监督力度的一些性质。

首先，求最优风险监督力度关于监督成本（c_3，c_4）的导数，有：

$$\frac{\partial \varepsilon^*}{\partial c_3} = \frac{1}{1 - \varepsilon_1 \eta_1} \left(\frac{\partial \varepsilon_0}{\partial c_3} + \eta_0 \frac{\partial \varepsilon_1}{\partial c_3} \right) + (\varepsilon_0 + \eta_0 \varepsilon_1) \frac{\eta_1}{(1 - \varepsilon_1 \eta_1)^2} \frac{\partial \varepsilon_1}{\partial c_3} \tag{5—37}$$

因为，$\frac{\partial \varepsilon_0}{\partial c_3} < 0, \frac{\partial \varepsilon_1}{\partial c_3} < 0$，所以，$\frac{\partial \varepsilon^*}{\partial c_3} < 0$。

这表明风险主动监督的成本越高，风险主动监督的力度就会下降。这一点在我们的常识之内。

$$\frac{\partial \varepsilon^*}{\partial c_4} = \frac{\varepsilon_1}{1 - \varepsilon_1 \eta_1} \frac{\partial \eta_0}{\partial c_4} + (\varepsilon_0 + \eta_0 \varepsilon_1) \frac{\varepsilon_1}{(1 - \varepsilon_1 \eta_1)^2} \frac{\partial \eta_1}{\partial c_4} \tag{5—38}$$

由于，$\frac{\partial \eta_0}{\partial c_4} < 0$，$\frac{\partial \eta_1}{\partial c_4} < 0$，所以，$\frac{\partial \varepsilon^*}{\partial c_4} < 0$。

这一点意味着如果努力主动监督成本提高,风险主动监督的力度就会下降。这一结论似乎有悖常理:在常理看来,如果企业家的努力变得不好监督了,就应该重点监督企业家的风险选择。为什么这时对风险的监督力度会下降呢?原因就在于企业家风险选择和努力选择的相互替代使得努力不好监督时也意味着风险选择变得难以监督。

其次,我们来看最优努力监督力度与监督成本之间的关系。为此,计算努力监督力度关于监督成本的导数,有:

$$\frac{\partial \eta^*}{\partial c_3} = \frac{\eta_1}{1 - \varepsilon_1 \eta_1} \frac{\partial \varepsilon_0}{\partial c_3} + (\eta_0 + \varepsilon_0 \eta_1) \frac{\eta_1}{(1 - \varepsilon_1 \eta_1)^2} \frac{\partial \varepsilon_1}{\partial c_3}$$

$$(5-39)$$

$$\frac{\partial \eta^*}{\partial c_4} = \frac{1}{1 - \varepsilon_1 \eta_1} \left(\frac{\partial \eta_0}{\partial c_4} + \varepsilon_0 \frac{\partial \eta_1}{\partial c_4} \right) + \varepsilon_1 \frac{\eta_0 + \varepsilon_0 \eta_1}{(1 - \varepsilon_1 \eta_1)^2} \frac{\partial \eta_1}{\partial c_4}$$

$$(5-40)$$

因为,$\frac{\partial \varepsilon_0}{\partial c_3} < 0, \frac{\partial \varepsilon_1}{\partial c_3} < 0$,以及$\frac{\partial \eta_0}{\partial c_4} < 0, \frac{\partial \eta_1}{\partial c_4} < 0$,所以,$\frac{\partial \eta^*}{\partial c_4} < 0$,

$\frac{\partial \eta^*}{\partial c_4} < 0$。

这一结果表明,最优努力监督力度不仅随着努力监督成本的提高而降低,也随着风险监督成本的提高而降低。其背后同样是企业家风险和努力的替代关系。

总结上述的讨论,我们有下述定理:

定理5—7:股权融资下,投资者的最优风险监督力度不仅会随风险监督成本的提高而降低,还会随着努力监督难

度的加大而降低；同样，最优的努力监督不仅随努力的监督
难度提高而降低，而且也会随风险监督的难度提高而降低。

　　给定投资者最优监督力度的选择，我们可以得到企业家
的最优努力水平和风险选择水平。即：

$$e^* = \frac{\theta^2 ab}{4c_2(\theta a + c_1) - \theta^2 b^2} + \frac{2\theta bc_1}{4c_2(\theta a + c_1) - \theta^2 b^2}\frac{\varepsilon_0 + \eta_0\varepsilon_1}{1 - \varepsilon_1\eta_1} +$$

$$\frac{\theta^2 b^2}{4c_2(\theta a + c_1) - \theta^2 b^2}\frac{\eta_0 + \varepsilon_0\eta_1}{1 - \varepsilon_1\eta_1} \tag{5—41}$$

$$q^* = \frac{2\theta ac_2}{4c_2(\theta a + c_1) - \theta^2 b^2} + \frac{\theta(\theta b^2 - 2ac_2)}{4c_2(\theta a + c_1) - \theta^2 b^2}\frac{\varepsilon_0 + \eta_0\varepsilon_1}{1 - \varepsilon_1\eta_1} +$$

$$\frac{2\theta bc_2}{4c_2(\theta a + c_1) - \theta^2 b^2}\frac{\eta_0 + \varepsilon_0\eta_1}{1 - \varepsilon_1\eta_1} \tag{5—42}$$

　　和债权融资一样，我们仍然比较感兴趣的是，最优的努
力水平和风险选择是如何受投资者监督成本的影响。为此，
我们进行下述比较静态分析：

$$\frac{\partial q^*}{\partial c_3} = \frac{\theta(\theta b^2 - 2ac_2)}{4c_2(\theta a + c_1) - \theta^2 b^2}\frac{\partial\varepsilon^*}{\partial c_3} + \frac{2\theta bc_2}{4c_2(\theta a + c_1) - \theta^2 b^2}\frac{\partial\eta^*}{\partial c_3} \tag{5—43}$$

$$\frac{\partial e^*}{\partial c_4} = \frac{2\theta bc_1}{4c_2(\theta a + c_1) - \theta^2 b^2}\frac{\partial\varepsilon^*}{\partial c_4} + \frac{\theta^2 b^2}{4c_2(\theta a + c_1) - \theta^2 b^2}\frac{\partial\eta^*}{\partial c_4} \tag{5—44}$$

根据定理 5—7，可以知道，$\dfrac{\partial q^*}{\partial c_3} < 0, \dfrac{\partial e^*}{\partial c_4} < 0$。

所以，我们有下述定理：

定理 5—8：股权融资下，企业家的最优谨慎程度和努力选择随投资者的主动监督难度的提高而降低。

四　结论和扩展

上面我们讨论了不同监督方式下，由于融资方式的不同，投资者的监督力度以及企业家受投资者的监督影响程度也有所不同。相关的结果可以总结在下面的表 5—1、表 5—2 中。

表 5—1　　　　　　不同融资方式和监督方式下的最优风险水平

	被动监督	主动监督
债权融资	最优努力水平随着被动监督成本的提高而提高	最优努力水平随着主动监督成本的提高而降低
股权融资	最优努力水平随着被动监督成本的提高而提高	最优努力水平随着主动监督成本的提高而降低

表 5—2　　　　　　不同融资方式和监督方式下的最优努力水平

	被动监督	主动监督
债权融资	最优风险水平随着监督成本的提高而降低	最优风险水平在风险贡献较低时，会随着债权人对风险主动监督难度的提高而降低；否则，会相反

续表

	被动监督	主动监督
股权融资	最优风险水平在风险贡献较低时才会随着监督成本的提高而降低；否则，会随之提高	最优风险水平随主动监督成本的提高而提高

比较表 5—1 与表 5—2 可以发现，对于企业家的最优努力水平来说，它和投资者监督成本（监督力度）之间的关系，主要是受不同监督方式的影响，而不同的融资方式对其影响较小。

对于最优的风险水平来说，我们发现它和投资者监督成本之间的关系，不仅受监督方式的影响，也受不同融资方式的影响。这表明，在企业家多决策情形下，投资者监督企业家的风险决策相对于监督努力决策需要考虑更多因素。

通过这些结论我们可以看出，融资活动中的监督活动是复杂和具体的。在不同的融资环境以及不同的融资方式下，投资者的监督力度需要不断地调整。

需要说明的是，本章得到的结论是建立在企业家选择的风险和努力具有相互替代关系的前提下。这种相互替代关系的存在使得监督力度在风险和努力有所侧重时，会导致企业家做出相应的倾斜。在现实中，我们也会发现，当外部的投资者强调风险时，往往会使企业家的决策趋于保守，当外部的投资者强调努力时，企业家的决策也变得激进和大胆。股票基金、指数基金等不同形式的基金投资策略就是最好的例证。

参考文献

Admati, R. , Pfleiderer, P. , and Zechner, J. , 1994, "Large Shareholder Activism, Risk Sharing and Financial Market Equilibrium", *Journal of Political Economy*, 102, pp. 1097—1129.

Aghion, P. and P. Bolton, 1992, "An Incomplete Contract Approach to Financial Contracting", *Review of Economic Studies*, 59, pp. 473—494.

Aghion, P. , and J. Tirole, 1997, "Formal and Real Authority in Organizations," *Journal of Political Economy*, 105, pp. 1—29.

Aghion, P. , P. Bolton and J. Tirole, 2000, "Exit Options in Corporate Finance: Liquidity versus Incentives", mimeo.

Aghion, P. , M. Dewatripont and P. Rey, 1994, "Renegotiation Design with Uunverifiable Information," *Econometrica*, 62, pp. 257—282.

Allen, F. and A. Winton, 1995, "Corporate Financial Structure, Incentives and Optimal Contracting", in R. Jarrow, et al. , eds. *Handbooks in Operational Research & Management Science*, Volume 9, Finance, North-Holland: Elsevier Science B. V.

Berglof, E. and E. L. von Thadden, 1994, "Short-Term versus Long-Term Interests: A Model of Capital Structure with Multiple Investors," *Quarterly Journal of Economics*, 109, pp. 1055—1084.

Boot, A. , and A. Thakor, 1993, "Security design", *Journal of Finance*, 48, pp. 1349—1378.

Chang, C. , 1990, "The Dynamic Structure of Optimal Debt Contracts", *Journal of Economic Theory*, 52, pp. 68—86.

Chang, C. , 1993, "Payout Policy, Capital Structure, and Compensation Contracts When Managers Value Control", *Review of Financial Studies*, 6, pp. 911—933.

Chiesa, G. , 1992, "Debt and Warrants: Agency Problems and Mechanism Design", *Journal of Financial Intermediary*, 2, pp. 237—254.

Dewatripont, M. , and J. Tirole, 1994, *The Prudential Regulation of Banks*, Cambridge, Mass: MIT Press.

Diamond, D. , 1984, "Financial Intermediation and Delegated Monitoring. " *Review of Economic Studies* 51, pp. 393—414.

Fluck, Z. , 1998, "Optimal Financial Contracting: Debt versus Outside Equity," *Review of Financial Studies* 11, pp. 383—418.

Fudenberg, D. , and J. Tirole, 1990, "Moral Hazard and

Renegotiation in Agency Contracts," *Econometrica* 58 (6): pp. 1279—1319.

Gale, D. , and M. Hellwig. , 1985 , "Incentive-Compatible Debt Contracts: The One Period Problem. " *Review of Economic Studies*, 52 , pp. 647—663.

Gale, D. , and M. Hellwig, 1989 , "Repudiation and Renegotiation: The Case of Sovereign Debt", *International Economic Review*, 30 , pp. 3—31.

Gompers, P. , and J. , Lerner, 2001 , *The Money of Invention: How Venture Capital Creates New Wealth*. Boston, MA: Harvard Business School Press.

Gorton, G. , and G. , Pennacchi, 1990 , "Financial intermediaries and liquidity creation", *Journal of Finance*, 45 , pp. 49—71.

Grossman, S. and O. Hart, 1986 , "The Costs and Benefits of Ownership: A Theory of Vertical and Lateral Integration", *Journal of Political Economy*, 94 , pp. 691—719.

Grossman, S. and O. Hart, 1983 , "An Analysis of the Principal-Agent Problem", *Econometrica*, 51: pp. 7—45.

Harris, M. and A. Raviv, 1990 , "Capital Structure and the Information of Debt" *Journal of Finance*, 45 , pp. 321—349.

Harris, M. and A. , Raviv, 1995 , "The Role of Games in Security Design," *Review of Financial Studies*, 8 , pp. 327—367.

Hart, O. and J. , Moore, 1998 , "Default and Renegotiation: A Dynamic Model of Debt," *Quarterly Journal of Econom-*

ics, 113, pp. 1—41.

Hart, O. and J. Moore, 1999, "Foundations of Incomplete contracts," *Review of Economic Studies*, 66 (1): pp. 115—138.

Hart, O., 1995, *Firms, Contracts and Financial Structure*, Oxford: Oxford University Press.

Hart, O., 2001, "Financial Contracting", *Journal of Economic Literature*, 39 (4), pp. 1079—1100.

Hermalin, B. and M. Katz, 1991, "Moral Hazard and Verifiability: The Effects of Renegotiation in Agency", *Econometrica*, 59 (6), pp. 1735—1753.

Holmstrom, B. and J. Tirole, 1989, "The Theory of the Firm", in Schmalensee, R. and R. Willig, eds., *Handbook of Industrial Organization*, Volume I, North-Holland: Elsevier Science Publishers B. V.

Huddart, S., 1993, "The Effect of a Large Shareholder on Corporate Value", *Management Science*, 39, pp. 1407—1421.

Innes, R., 1990, "Limited Liability and Incentive Contracting with Ex-ante Action Choice", *Journal of Economic Theory*, 52, pp. 45—67.

Jensen, M., and W. Meckling, 1976, "Theory of the Firm: Managerial Behavior, Agency Costs and Ownership Structure", *Journal of Financial Economics*, 3, pp. 305—360.

Kalay, A. and J. F. Zender, 1992, "Bankruptcy and State Contigent Changes in the Ownership of Control," working paper, School of Business, University of Utah.

Krasa, S., and A. Villamil, 2000, "Optimal Contracts When Enforcement is a Decision Variable," *Econometrica*, 68, pp. 119—134.

Krasa, S., and A. Villamil, 2003, "Optimal Contracts When Enforcement is a Decision Variable: A Reply," *Econometrica*, 71, pp. 391—393.

Kraus, A. and R. Litzenberger, 1973, "A State-Preference Model of Optimal Financial Leverage", *Journal of Finance*, 28, pp. 911—922.

Lacker, J. M., 1989, "Financial Intermediation, Optimality, and Efficiency," *Canadian Journal of Economics*, 22, pp. 364—382.

Lacker, J. M, 1990, "Collateralized debt as the optimal contract," Working Paper 90—3, Federal Reserve Bank of Richmond.

Leland, H. and D. Pyle, 1977, "Information Asymmetrics, Financial Structure, and Financial Intermediation", *Journal of Finance*, 32, pp. 371—388.

Mas-Colell, A., M. Whinston and J. Green, 1995, *Microeconomic Theory*, New York, Oxford, Oxford University Press.

Maskin, E. and J. Tirole, 1999a, "Unforeseen Contingencies and Incomplete Contracts," *Review of Economic Studies*, 66, pp. 83—114.

Maskin, E. and J. Tirole, 1999b, "Two Remarks on the Property Rights Literature," in Attanasio et al. (1999), pp. 139—150.

Milgrom, P. , 1981, "Good News and Bad News: Representation Theorems and Applications", *Bell Journal of Economics*, 13, pp. 380—391.

Miller, M. H. , 1977, "Debt and Taxes", *Journal of Finance*, 32, pp. 261—275.

Moore, J. , 1992, "Implementation, Contracts and Renegotiation in Environments with Complete Information," in J. J. Laffont, ed. *Advances in Economic Theory*, Vol. 1, Cambridge University Press, pp. 182—282.

Modigliani, F. , and M. H. Miller, 1963, "Corporate Income Taxes and the Cost of Capital: A Correction", *American Economic Review*, 53, pp. 433—443.

Modigliani, F. , and M. H. Miller, 1958, "The Cost of Capital, Corporate Finance, and the Theory of Investment", *American Economic Review*, 48, pp. 261—297.

Mookherjee, D. , and Png, I. , 1989, "Optimal Auditing, Insurance and Redistribution," *The Quarterly Journal of Economics*, 104 (2), pp. 399—415.

Myers, S. , 2000, "Outside equity", *Journal of Finance*, 55, pp. 1005—1037.

Myers, S. , and N. Majluf, 1984, "Corporate Financing and Investment Decisions When Firms Have Information that Investors Do not Have", *Journal of Financial Economics*, 13, pp. 187—221.

Palfrey, T. , 1992, "Implementation in Bayesian Equilibrium: the Multiple Equilibrium Problem in Mechanism Design," in, JJ Laffont ed. , *Advances in Economic Theory*, Sixth World Congress, Vol. 1, Cambridge.

Ross, S. , 1977, "The Determination of Financial Structure: The Incentive Signaling Approach", *Bell Journal of Economics*, 8, pp. 23—40.

Salani, B. , 1996, *The Economics of Contracts: A Primer*, MIT Press.

Scott, J. , 1976, "A Theory of Optimal Capital Structure", *Bell Journal of Economics*, 6, pp. 33—53.

Segal, I. , 1999, "Complexity and Renegotiation: A Foundation for Incomplete Contracts," *Review of Economic Studies*, 66, pp. 57—82.

Sharma, T. , 2003, "Optimal Contracts When Enforcement is a Decision Variable: A Comment", *Econometrica*, 71 (1), pp. 387—390.

Shleifer, A. , and Vishny, W. , 1986, "Large Shareholders and Corporate Control", *Journal of Political Economy*, 95, pp. 461—488.

Simon, H. , 1951. "A Formal Theory Model of the Employment Relationship," *Econometrica* 19, pp. 293—305.

Stulz, R. , 1990, "Managerial Discretion and Optimal Financing Policies", *Journal of Financial Economics*, 26, pp. 3—27.

Subrahmanyam, A. , 1991, "A Theory of Trading in Stock Index Futures", *Review of Financial Studies*, 4, pp. 17—51.

Tirole, J. , 1999, "Incomplete Contracts: Where Do We

Stand", *Econometrica*, 67 (4), pp. 741—81.

Tirole, J., 2001, "Corporate Governance", *Econometrica*, 69 (1), pp. 1—35.

Tirole, J., 2002, *Lecture Notes on Corporate Finance*, book manuscript.

Townsend, R. M., 1979, "Optimal Contracts and Competitive Markets with Costly State Verification", *Journal of Economic Theory*, 21, pp. 265—293.

Williams, J., 1989, "Ex-ante Monitoring, Ex-post Asymmetry, and Optimal Securities," working paper, Faculty of Commerce, University of British Columbia.

Winton, A., 1993, "Limitation of Liability and the Ownership Structure of the Firm", *the Journal of Finance*, 48, pp. 487—512.

Winton, A., 1995, "Costly State Verification and Multiple Investors: The Role of Seniority", *Review of Finance Studies*, 8, pp. 91—123.

Zender, J., 1991, "Optimal Financial Instruments", *Journal of Finance*, 46, pp. 1645—1663.

Zingales, L., 2000, "In Search of New Foundations", *Journal of Finance*, LV, No. 4, pp. 1623—1653.

王勇：《完全契约与不完全契约》，载《经济学动态》2002 年第 7 期，第 22—26 页。

王勇：《控制权安排和公司融资结构》，载《南开经济研究》2003 年第 1 期，第 45—55 页。

杨其静：《合同与企业理论前沿综述》，载《经济研究》

2002 年第 1 期，第 80—88 页。

　　杨其静：《财富、企业家才能与最优融资契约安排》，载《经济研究》2003 年第 4 期，第 41—50 页。

　　张维迎：《公司融资结构的契约理论：一个综述》，载《改革》1995 年第 4 期，第 109—116 页。

　　张维迎：《企业的企业家——契约理论》，上海三联书店 1995 年版。

　　张维迎：《博弈论和信息经济学》，上海人民出版社、上海三联书店 1996 年版。

后　记

　　在北大学习的这几年，我一直在学习和研究契约理论。在阅读哈特的著作时，发现契约理论不仅可以研究企业的内部组织问题，还可以用来探讨公司的融资行为。由此我开始了对公司金融领域一些问题的关注。结果发现这是一个正在发生急剧变化的领域。具体来说，企业理论以及作为企业理论的基础的契约理论正在成为这一领域的理论基础和研究框架。2002年，我到武汉大学旁听著名经济学家让·梯若尔讲授的"公司金融"时，这一体会更加深刻了。但是，从国内对这一领域的研究来看，似乎还没有认识到这一转变。证据之一是很难检索到国内作者用企业理论或契约理论来研究公司金融问题的文章。由此，我就萌生了用契约理论来考察企业的融资问题的想法。

　　这一想法得到了我的导师张维迎教授的支持。在他的指导下，我系统地阅读了资本结构以及证券设计的相关文献。在这过程中，我对资本结构和产业组织之间的关系、证券设计和控制权的分配之间的关系等问题产生了兴趣。这两个问题可以说是公司金融领域的前沿问题。我原本打算在学位论文中对两个问题都做一些研究，并且在开题报告中也初步对自己的想法进行了建模。但由于这两个问题联系不是很紧密，各自运用的分析工具也有较大的差异，所以，在后来论文的正式写作中，我主要是围绕有关证券设计问题而展开。

对证券设计问题的研究源自赢利水平难以检验条件下的最优融资契约。对这一问题的探讨构成了一直是证券设计文献的主轴。但哈特（1995，2001）认为，证券设计理论的一个核心问题是为什么融资过程中会有多种证券共存。在这篇论文中，我尝试着对这两个问题都做出我自己的思考。对于赢利水平难以检验条件下的融资行为，我考虑控制权安排的双重作用对不同融资方式的影响。对于多种证券共存问题，我则是从企业家多决策之间的相互关系出发来考虑不同性质的关系对于融资方式的影响。回顾证券设计文献，从这两个角度来讨论证券设计问题都具有一定的开创性，从而使本书对于证券设计研究做出了一些贡献。

正像我的导师张维迎教授所强调的，进行理论建模等实证研究虽然很有意思，但相比经验研究，这是一件很难也是风险很大的工作。在本书的写作过程中，对张老师的这一强调，感觉更深刻了。本书完成后，也更清楚了今后努力的方向，免去了一些有涯之生逐无涯之知的困惑，平添了几分上下求索的自信。

王勇　谨识

2003 年 10 月于燕园